한국어의 투쟁

한국어의 투쟁

1판 1쇄 발행 2025년 9월 26일
지은이 이창용
펴낸이 임중혁 | **펴낸곳** 빨간소금 | **등록** 2016년 11월 21일(제2016-000036호)
주소 (01021) 서울시 강북구 삼각산로 47, 나동 402호 | **전화** 02-916-4038
팩스 0505-320-4038 | **전자우편** redsaltbooks@gmail.com
ISBN 979-11-91383-61-4(03330)

• 책값은 뒤표지에 있습니다.

추천사

잊을 만하면, 텔레비전 뉴스에서는 K-팝을 열창하고 K-문화를 즐기는 외국인들이 한국어를 공부하는 모습을 보여 준다. 카메라가 클로즈업해서 보여 주는 학생들의 표정은 롤러코스터를 타기 위해 줄을 선 아이들처럼 한껏 들떠 있다. 이런 분위기에 맞춰 매년 한국 정부는 '한국어 세계화'라는 구호를 외치며 수백억 원의 예산을 들여 전 세계에 보급하겠다는 계획을 발표한다. 대학에서는 외국인 유학생을 유치하겠다고 난리다. 한국어가 세계인들이 원하는 핫한 상품이 되었으니, 이 상품을 최대한 많이 팔아 보겠다는 속내다.

그렇다. 한국어를 한국인보다 더 잘하는 외국인들이 텔레비전 쇼에 나와 이야기를 나누는 모습을 시청하는 것은 특별한 일이 아닌 시대가 되었다. 이렇게 한국 사회가 바라보는(또는 바라보고 싶어 하는) 한국어 교육의 풍경은 화려하다. 한국어 교육 현장은 마치 매일 폭죽이

터지고 즐거운 구경거리가 가득한 놀이공원 같다.

겉으로는 모든 일이 제대로 잘 돌아가고 있는 놀이공원처럼 보이겠지만, 나는 이 놀이공원을 한국 사회의 내부 식민지이자 착취 공장이라고 부른다. 대학의 한국어 교육기관은 수입대체기관이라는 명목으로 작게는 기관 수입의 15%에서 많게는 40%를 통으로 대학에 바쳐야 한다(순수입이 아니다). 돈을 많이 벌어도 한국어 교육기관이 항상 쪼들리고 인건비를 줄이는 이유다. 한국 대학에 한국어 교육은 그저 돈벌이용 상품이다. 상품이지만, 그렇다고 이 상품을 공들여 잘 만들겠다는 생각도 없다. 이윤을 더 남기기 위해서는 대충 만들어 빨리 파는 게 중요하기 때문이다.

대학 밖에서도 마찬가지다. 한국 사회는 한국 밖의 손님들에게는 온갖 아양을 떨며 '한국어'라는 상품을 팔지만, 한국 사회의 일원이 되어 한국어를 배우는 이주민들은 식당에서 무전취식하는 이들처럼 대한다. 우리 사회의 새로운 구성원들에게 한국어를 가르치는 것이 쓸데없는 일, 돈 아까운 일로 취급받는 것이다. 똑같은 한국어 교육이 해외에서는 상품이 되지만, 국내에서는 사회적 비용이 된다. 이상하지 않은가? 우리 중 그 누구도 초중등교육에 들어가는 예산을 아깝다고 생각하지 않는다. 교육은 우리 사회의 근간을 만드는 일이기 때문이다. 한국어 교육은 상품이 아니라, 이 사회의 근간을 만드는 일임을 우리는 모두 망각하고 있다.

이런 망각 속에서 한국어 교육 현장은 착취 공장이 되어 갔다. 그

공장 안에서 한국어교원들은 아무것도 아닌 자, 노바디(nobody)로 살아간다. 한국어교원은 가르치는 사람이지만, 법적으로 '교원'의 자격이 주어지지 않는다. 그렇다고 노동자로 인정받는 것도 아니다. 한국어교원은 존재하지만 애써 그 존재를 외면해야 하는 사람들이 되어 버린 지 오래다.

착취 공장이 된 한국어 교육의 풍경을 보고 누군가는 이렇게 말한다. "그건 원래 그래.", "어차피 잘 안될 거야.", "세상은 변하지 않아." 우리가 무심코 반복하며 내뱉는 이런 말들은 답답한 현실을 지운다. 이런 말들은 풀리지 않는 문제들로 가득한 현실, 회피하고 싶은 상황으로부터 도망칠 수 있는 공간을 제공한다. 나에게도 그런 표현이 하나 있다. 바로 '어쩔 수 없다'이다.

한국어 교육 현장에서 교사로 일하며 부조리한 상황을 마주했을 때, 왜 이런 일이 일어나는지 그 구조를 파악할 수 없을 때 나는 '어쩔 수 없다'라는 표현 속으로 도망치고 숨어 버리기 일쑤였다. 그러나 이 책의 저자는 그러지 않았다. 그러니까 이 책은 '어쩔 수 없다'라는 표현 속으로 숨지 않고, '어쩔 수 있다'라는 우리가 사용하지 않는 표현을 향해 묵묵히 걸어가면서 한국어 교육 현장을 바꿔 나간 이야기라고 할 수 있다.

몇 년 전 나는 어떤 글에서 나 자신을 한국어 교육이라는 착취 공장 체제의 중간관리자이자 한국어를 가르치는 동료들의 착취당한 노동에 기생하는 자라고 고백한 적이 있다. 이 고백은 지금도 유효하다.

그래서 이 책을 읽으면서 과연 내가 추천사를 쓸 자격이 있는지 자문할 수밖에 없었다. 자문에 대한 답은 뻔했다. 나는 이 책의 추천사를 쓸 자격이 없다. 내가 중간관리자로 근무하는 착취 공장에서는 나에게 "너나 잘하세요"라고 말할 것이다. 나는 그런 말을 들어도 싸다.

그렇다고 이 추천사를 안 쓸 수도 없다. 나는 한국어교원들, 한국어 교육 연구자들, 한국어 교육기관 관련자들, 한국어 교육정책 입안자들은 물론, 한국 사회의 미래를 걱정하는 모든 사람이 이 책을 읽기를 원하기 때문이다. 왜 원하는가? 이 책은 단순히 한국어교원 노동조합의 투쟁기가 아니라, 한국어 교육을 둘러싼 구조적 문제를 선명하게 드러내고 그 해결책을 함께 고민해 보자고 제안하는 책이기 때문이다. 왜 원하는가? 한국어 교육 현장의 많은 문제는 그 구조에 대한 한국 사회의 무지에서 비롯되기 때문이다. 왜 원하는가? 한국어 교육은 단순히 관련자들만의 문제가 아니라, 다민족 국가로 진입한 한국 사회가 풀어야 할 커다란 숙제이기 때문이다.

나에게는 이 추천사를 쓰는 것도 위선이고, 이 추천사를 쓰지 않는 것도 위선이다. 물론 이런 고백을 했다고 해서 내가 위선으로부터 자유로워지는 것은 아니다. 하지만 나는 도망치지 않기 위해 이 글을 쓴다. 그것이 이 책 속에 기록된 시간, '어쩔 수 없다'라는 표현에 숨지 않고 '어쩔 수 있다'를 향해 나아간 그 소중한 시간에 대한 예의라고 믿기 때문이다.

왜곡되고 망가져서 어디서부터 어떻게 고쳐야 할지 감이 잡히지 않는 한국어 교육 현장뿐 아니라, 고장 나서 제대로 작동하지 않는 한국 사회 곳곳에서 '어쩔 수 없다'라는 말 대신 '어쩔 수 있다'라는 말이 퍼져 나가길 바란다. 그래서 언제가 법적인 교원이자 노동자로 인정받은 한국어교원이 한국어 강의실에서 '어쩔 수 있다'라는 표현을 가르치는 날이 오기를 바란다. 그리고 그 시작은 바로 이 책을 읽는 것이다.

— 백승주(전남대 국어국문학과 교수)

    내가 본 일터 중 가장 계급적이고 반(反)노동적인 곳은 학교다. 대학도 당연히 포함된다. 성적에 따라 학생들 줄 세우기가 당연한 곳이어서 그럴까. 학생들을 가르치는 사람들마저 일등부터 꼴등까지 줄을 세운다. 정규직(정교수, 정교사)부터 강사까지. 서 있는 곳에 따라 노동권의 크기 또한 달라진다.

    노동권이 아예 없는 존재도 있다. 한국어교원은 그중 하나다. 이 사실을 이창용 선생님 덕분에 알았다. 나는 그의 전작《한국어 수업 이야기》를 읽고, 태어나서 처음으로 한국어를 실감했다. 한국어의 아름다움, 어려움과 미묘함을 짚어 주는 글솜씨, 그리고 학생을 대하는 태도에 감탄했다. 알고 보니 그는 이미 한국어교원들 사이에서 정평이 난 사람이었다.

    그런 사람이 갑자기 노동조합을 만들겠다며 나타났다. 본인은 비교적 안정적인 일자리와 노동조합에 속해 있는데도, 그렇지 못한 한국어교원들을 위해서 말이다. 그러고는 대단한(!) 책을 한 권 세상에 내놓았다. 어쭙잖은 지식이나 경험으로는 할 수 없는 이야기를 이 책에 담았다. 그렇다고 해서 현장에서의 고민과 경험만을 담은 것은 아니다. 여기에 노동에 대한 치열한 고민, 인간에 대한 사랑, 뛰어난 글솜씨가 더해지니 경이로운 책이 탄생했다.

저자에게 존경심을 가지고 있던 터라, 이 편견이 글을 판단하는 데 영향을 끼칠까 봐 걱정했다. 그래서 일부러 실눈을 뜨고 읽었다. 실눈 뜨고 읽어도 좋은 책이다. 글을 쓴 주체는 결국 사람이니, 그 사람의 인격과 성품이 글에 묻어나는 법이요, 기가 막힌 현실을 아름다운 문장으로 풀어내니 마음이 더 아린다. 그렇다고 마냥 참담한 것은 아니다. 나지막한 혁명이라고나 할까.

한국어교원의 노동 현실에 기반한 책이지만 거기서 끝나지 않는다. 이 책에 담긴 이야기는 한국 사회 모든 곳에 통할 수 있다. 일단 모든 한국어교원이 읽기를 바란다. 그리고 교육 당국과 교육기관에 몸 담은 사람들 모두 읽어야 한다. 세상에 관심 있는 사람들에게도 추천한다. 어떤 식으로든 이 책을 읽을 이유가 있다.

— 윤지영(변호사, 직장갑질119 대표)

차례

- 추천사   4
- 프롤로그 그날의 질문에 오늘에야   12

1부 더 가르치고 더 배우되 서로 존중해야

1 무너진 교실, 사라진 한국어교원   23

2 교실 안, 제도 밖에서   38

3 추가어로서의 한국어   53

2부 세 개의 경계, 하나의 투쟁

4 잘못 분류된 노동자   69

5 15시간이라는 마술, 지워지는 노동   83

6 경계와 간극   98

3부 일터 민주주의를 향해

7 너의 이름은   115

8 바꿔야 할 것을 바꾸는 용기   126

9 노동조합에서 공화로, 민주로   139

4부 직종별 온라인 노동조합으로 뭉치다

10 선생님, 우리 동지 합시다   159

11 어떻게 하면 임금이 오를까   172

12 한국어교원 노동조합의 이름으로   185

• 에필로그 고독이냐 연대냐   197

프롤로그

그날의 질문에 오늘에야

강연 요청을 받았다. 주제는 '한국어교원의 지위와 처우'. 한여름의 열기로 가득한 2023년 8월, A 대학교 국제교육원 한국어 선생님들 앞에 서게 됐다. 조금 일찍 도착해 캠퍼스를 천천히 걸었다. 익숙하면서도 낯설었다. 24년 전인 1999년 8월, 이곳에서 '외국인을 위한 한국어 교사 양성 과정'을 수료했다. 그 뒤로 줄곧 외국인과 이주민에게 한국어를 가르쳐 왔다.

잘하고 싶었다. 고향 같은 모교에서, 후배이자 동료 선생님에게 조금이라도 보탬이 되고 싶었다. 책을 뒤지고 자료를 모으며 강연을 준비하는데 문득 궁금해졌다. 선생님들은 한국어교원의 지위와 노동 법률을 얼마나 알고 계실까. 지금 뭐가 가장 절실할까. 강연을 앞두고 구글 설문지를 만들어 무엇이 알고 싶은지 적어 달라고 부탁했다. 곧 설문지가 질문으로 빼곡해졌다. 크게 네 갈래였다. 선생님들은 법률적·사회적 지위, 고용 형태와 노동법적 지위, 임금·복지·휴가 등 처우, 그리고 노동조합을 물었다. 비단 A 대학교 선생님들만의 고민이 아니었다. 모든 한국어교원의 해묵은 물음이었다. 질문을 추리고 다듬어 옮긴다.

① 한국어교원의 지위는 어디쯤인가요?

(교육 현장과 법률적·사회적 지위에 관한 질문)

• 한국어교원의 법적 지위가 어디까지 가능할까요? 희망보다 현실을 고려한 예측을 듣고 싶습니다.

• 앞으로 대학교에서 한국어교원의 지위가 지금보다 높아지기는 어렵다고 생각하는데요, 선생님은 어떻게 보시나요? 또 세종학당 같은 기관에서의 처우는 어떻게 예상하시는지도 궁금합니다.

② 우리는 근로자인가요?

(노동법적 지위와 고용에 관한 질문)

• 저희는 대학 강사도 교원도 아닌, 그저 아르바이트생인가요? 고용보험공단에서 '초단시간근로자'라고 분류하며 "아르바이트하시네요"라는 말을 들었다고 합니다.

• 학기가 끝난 뒤 기관의 일방적인 해약 통보가 가능한가요? 위법한 부분은 없는지 궁금합니다.

③ 정당한 보상을 받고 있는 걸까요?

(임금·복지·휴가 등 처우에 관한 질문)

• 업무량과 수업 시간에 비해 보상이 턱없이 부족합니다. 시급, 수당, 월급을 인상해야 하지 않을까요? 보상이 적어 자존감과 일의 효율성 모두 떨어집니다.

• (서울대 언어교육원의) 근무시간, 계약 조건, 주휴수당, 물가 상승에 비례하는 월급 인상(호봉제), 급대표나 여타 근무 수당, 단기과정과 정규과정 강의료, 4대 보험, 퇴직금, 건강검진, 휴가 및 안식년 제도 등 구체적인 처우에 관해 알고 싶습니다.

④ 함께하면 바꿀 수 있을까요?

(노동조합과 집단행동에 관한 질문)

• 처우를 개선하려면 노동조합을 만드는 것이 가장 효과적인 방법일까요?

• 교원들의 단체 행동에는 어떤 것들이 있었나요? 현재 진행 중인 움직임이 있다면 알려 주십시오.

회의실에 모인 선생님들께 인사를 드리고 조심스레 물었다.
"주제가 민감한데 어디까지 말씀드리면 좋을까요?"
돌아온 대답은 단호했다.
"가감 없이 해 주세요."
"있는 그대로, 다 듣고 싶습니다."

강연은 예정된 두 시간을 훌쩍 넘겼다. 해야 할 말도 많았지만, 하고 싶은 말이 더 많았다. 선생님들은 끝까지 경청하며 질문을 아끼지 않았다. 그날의 미숙하고 아쉬웠던 강연, 충분히 답하지 못했던 질문, 그리고 선생님들의 간절함을 기억하며 이 책을 쓴다.

이 책은 한국어 교육 노동자의 현실과 바람을 제도적 구조를 바탕으로 4부에 걸쳐 살펴본다. 1부는 한국어 교육 현장 이야기다. 대학과 지역은 한국어와 교육이라는 이름으로 비자를 판다. 초중등학교에서는 이주배경 학생에게 한국어를 가르치지만, 한참 부족해 갈 길이 멀다. 성인 이주민 또한 한국어를 충분히 배우지 못하고 있다. 더 많이 가르치고 배우되 다문화를 넘어 상호문화주의가 그 바탕이 되기를 바란다.

2부는 교육 노동자 이야기다. 사용자의 지휘·감독 아래 가르치지만, 프리랜서로 잘못 분류됐다. 수업은 여러 업무를 수반하지만, 수업 시간만 따져 초단시간노동자라고 우긴다. 기간제가 많고 무기계약직은 드물다. 지위, 시간, 기간의 경계를 지우고 모든 일하는 사람의 권리로 함께 나가야 한다.

3부는 서울대 한국어교원의 분투기다. 대학은 한국어교원을 직원으로 분류했다. 가르치고 연구하지만 교원 지위를 부정당했다. 교섭 단위를 분리해 한국어교원의 지위와 근로 조건을 따로 만들고자 했다. 벽을 넘어서지는 못했지만, 노동조합을 통해 공화와 민주를 꿈꾼다. 일터에서 민주주의를 실현해 간다.

4부는 한국어교원 노동조합 건설기다. 일터와 처우가 제각각이지만, 우리는 모두 한국어교원이다. 연구 보고서를 쓰고 국회 토론회를 하면서 직장을 넘어 더 넓게 만나고자 했다. 내 월급이 아니라 모두의 월급이 오르는 방법을 고민했다. 온라인에서 직종으로 뭉쳐 한국어교원 노동조합 활동을 시작했다.

교실은 무너져 내리고 노동권은 보장되지 않으며 교원으로 인정받지 못하지만, 나는 희망한다. 상호문화와 모든 일하는 사람의 권리와 일터 민주주의가 실현되기를 바란다. 방법은 한국어교원 노동조합이다. 함께 희망의 길을 만들고 싶다.

이 책으로 만나고 싶은 독자는 세 부류다. 첫째, 현직 한국어교원과 예비 한국어교원이다. 한국어를 가르치며 살아가지만, 정작 근로조건에 대해서는 쉬쉬하거나 그늘진 곳에서만 수군거렸다. 이 책이 계기가 돼 현장의 경험과 고민을 함께 나눌 수 있기를 바란다. 둘째, 노동조합에 관심이 있는 독자다. 한국의 노동조합 조직률은 10%를 겨우 넘고, 한국어교원의 노조 가입률은 그보다도 한참 낮다. 노동조합을 만들고 키우는 과정에서 비슷한 문제로 고민하는 이들과 함께 길을 찾아가면 좋겠다. 셋째, 다문화 사회와 한국의 미래에 관심 있는 독자다. 한국어 교육은 선주민과 이주민을 잇는 다리이자 다문화 사회를 함께 만들어 가는 과정이다. 한국어 교육의 사회적 역할과 가치를 논의하는 계기가 됐으면 한다.

"선생님, 괜찮아요. 걱정하지 마세요." 2021년 10월에 출간한 《한국어 수업 이야기》의 마지막 문장이다. 그해 5월 18일, 연세대 한국어학당 선생님들이 하루 파업에 나섰다. 한국어 교육계 최초였다. 그날 집회에서 사회를 맡은 K 선생님의 목소리가 가느다랗게 떨리고 있었다. 깊은 절실함과 큰 용기 때문이었으리라. K 선생님을 격려하고 싶었고, 연세대 선생님들을 응원하고 싶었다. 그래서, 괜찮다고 걱정하지 말라고 적었다. 이번 책은 그 약속을 지키는 일이다. 합당한 지위를 마련하고 안정된 고용과 적정한 처우를 확보하기 위해 한국어교원이 직종별 노동조합에 모여 싸우고 있음을 알린다. 루쉰의 문장을 기억한다. "사실 땅 위에는 본래 길이 없었다. 걸어가는 사람이 많아지면서 곧 길이 된 것이다."

고마운 분들이 많다. 서울대학교 언어교육원의 선생님들은 언제나 든든한 동료이자 후원자였다. 직장갑질119 온라인노동조합의 박점규, 오진호, 정현철 동지는 음으로 양으로 힘을 보태 줬다. 한국어교원지부를 함께 꾸려 온 박호은, 오예은, 홍안나 선생님께도 깊이 감사드린다. 한국어교원정책연대의 김민정, 김수옥, 김종희, 정수진, 최수근, 최유하, 최혜영 선생님께도 고마움을 전한다. 인터뷰에 응해 주시고, 각종 설문에 기꺼이 참여해 주신 전국의 많은 선생님께 이 자리를 빌려 감사 인사를 드린다.

여러분께 빚을 졌다. 직장갑질119 온라인노동조합 박성우 위원장과 장종수 사무처장은 법률적 내용을 꼼꼼히 검토해 주셨다. 서울대

김미연 선생님은 책 전반에 걸쳐, 특히 3부에 조언을 아끼지 않았다. 도복선 박사는 이번에도 부족한 원고를 정성스레 읽어 주셨고, 이현태 교수와 김형규 변호사는 바쁜 와중에도 시간을 내 술을 사 줬다. 전남대학교 백승주 교수와 직장갑질119 윤지영 대표는 감당하기 어려운 추천의 글을 써 주셨다. 차근차근 갚아 나가려 한다.

종일토록 방에서 모니터만 바라봤다. 부쩍 커 버린 딸 해인이와 아들 해준이에게 미안하고 고맙다. 아내는 늘 밥을 챙겨 줬다. 이 책에 반짝이는 대목이 있다면, 그건 모두 아내가 지어 준 따뜻한 밥 덕분이다.

2025년 가을에

이창용

더 가르치고 더 배우되
서로 존중해야

1

무너진 교실, 사라진 한국어교원

"아침에 수업 시작하면 출결 보고하잖아요. 그런데 우리 반에 (20명 가운데) 19명이 안 왔어요."

"학생들이 1급은 그나마 되게 양호한데, 이제 2급이 되면 애들이 아르바이트로 택배를 하는 거예요. (…) 그러니까 저녁에 가서 다음 날 새벽까지 하고 학교에 오는 거예요."

"쉬는 시간 끝나고 교실에 갔는데, 학생이 한 명도 없는 거예요. 다 일하러 가 버린 거죠. 수업 끝나고 1시에 가면 늦으니까."[*]

수업을 못 한다. 결석, 지각, 잠, 핸드폰 때문이다. 오전 9시, 시간 맞

---

[*] 강원, 전북, 충남 지역 어학당 한국어교원 인터뷰 중에서.

취 교실로 갔다. 학생이 한 명뿐이다. 난감하다. 진도를 나갈 수도, 안 나갈 수도 없다. 어찌어찌 수업을 끌어가다 보면 그제야 하나둘 나타난다. 늦게 왔으니 그만큼 더 열심히 하면 좋으련만, 곧바로 책상에 엎드려 잔다. 이해는 한다. 밤새워 일했으니 당연히 졸리고 피곤하다. 때로는 못 본 척하고 자도록 둔다. 한 시간쯤 눈을 붙이고 나면 나머지 시간에는 공부하겠지. 이번에는 핸드폰이다. 한국어 공부도 스텝 바이 스텝(step by step)이다. 지난주에 a, b, c를 배웠고 오늘 d를 배운다. 지각과 결석이 잦다 보니 b, c를 모른다. b, c를 모르면 d는 딴 세상 이야기다. 갈수록 수업에 흥미를 잃고 하염없이 인스타그램만 들여다본다.

초급에서 'N(명사)이/가 있어요/없어요'를 가르칠 때였다. '우산(이) 있어요?', '담배(가) 없어요?'처럼 가게에서 물건을 찾을 때 쓰는 문형이다. 차근차근 설명한 뒤 "여러분, 가방이 있어요?"라고 물었더니, 몇몇이 "아니요, 없어요"라고 한다. 아, 맞다. 책을 학교에 놓고 다니니 가방이 없을 수 있겠다. 다시 물었다. "볼펜이 있어요?" 이번에도 몇이 "없어요"를 외친다. 가방도 볼펜도 없이 학교에 온다. 공부할 마음은 있는 걸까.

시간제 취업과 모두를 위한 한국 유학

대학은 유학을 상품화했다. 비수도권 대학, 사립대학, 전문대학일

수록 재정 문제가 심각하다. 저출생으로 학령 인구가 줄고, 고3 수험생 수가 대입 정원보다 적어진 지 한참이다. 입학 자원이 부족하니 지방대학, 전문대학부터 정원을 못 채운다. 2021년 대구대학교는 신입생 최종 등록률이 80.8%에 그쳤다. 재정을 등록금에 의존해 오던 대학은 발등에 불이 떨어졌다. 자꾸만 줄어 가는 내국인 신입생 자리를 메우기 위해 외국인 유학생에게로 눈길을 돌렸다. 어학연수생(D-4 비자), 유학생(D-2 비자)을 널리, 많이 받아야 한다.* 하지만 대학은 해외 사정에 어둡고, 유학을 준비하는 외국 학생은 한국 지방대학과 전문대학을 모른다. 결국 대학도 유학생도 현지 유학원을 찾는다.

'한국에서는 일하면서 대학에 다닐 수 있다.'

현지 유학원의 홍보 문구다. 유학원은 유학생을 많이 내보낼수록 수입이 늘어난다. 그래서 한국에 가면 돈을 벌면서 공부할 수 있다고 선전해 유학생을 모은다. 대학 관계자가 외국인 '인재(?)'를 유치하기 위해 유학원을 찾으면, 유학생한테서도 수수료를 받고 대학에서도 수수료를 받는다(고 한다). 비자 잘 나오고 수수료 넉넉히 주는 학교로 유학생을 몰아준다. 그런데 저 홍보 문구는 절반만 사실이다. 일할 수는 있지만, 어디까지나 '시간제 취업'이다. 다음 표와 같이 학위 과정과 한국어 능력에 따라 허용 시간이 달라지며, 업종도 제한되고 허가

---

* 유학생은 정확하게는 'D-2 비자'를 받아 전문대학·대학·대학원 등에서 교육받거나 연구하는 자를 가리키고, 넓게는 'D-4 비자'를 받아 어학당에서 한국어를 배우는 어학연수생까지 포함한다. 교육부는 유학생 현황 통계에서 유학생과 어학연수생을 함께 제시한다. 이 글에서는 주로 넓은 의미로 사용했다.

과정		학년	시작 시기	한국어 능력 기준	허용 시간		인증대학 (주중)
					주중	주말·방학	
어학당	어학연수	무관	6개월 이후 가능	토픽 2급	×	10시간	10시간
					○	20시간	25시간
전문대	전문학사	무관	즉시 가능	토픽 3급	×	10시간	10시간
					○	25시간	무제한	30시간
일반대	학사	1~2학년	즉시 가능	토픽 3급	×	10시간	10시간
					○	25시간	무제한	30시간
		3~4학년	즉시 가능	토픽 4급	×	10시간	10시간
					○	25시간	무제한	30시간
대학원	석박사	무관	즉시 가능	토픽 4급	×	15시간	15시간
					○	30시간	무제한	35시간

학위 과정과 한국어 능력에 따른 시간제 취업 허용 시간(법무부, 2023년 7월 시행)

도 받아야 한다. 시간을 넘겨 일하면, 제조업이나 건설업 등에서 일하면, 허가 없이 일하면 모두 불법이다.

   돈도 벌고 공부도 할 수 있다니, 매력적이다. 실제로 유학생 70% 남짓이 중국, 베트남, 몽골, 우즈베키스탄에서 온다. 최근에는 네팔과 미얀마 학생이 늘었다. 대부분 한국과 경제력 차이가 크다. 예컨대 베트남 직장인 평균 월급은 50만 원을 밑돈다. 한국 유학은 초기 비용만 1,000~1,500만 원이 든다. 그런데도 빚까지 내서 오는 학생이 많다. 이유는 분명하다. 공부하는 동안 고향에 돈을 보낼 수 있다. 게다가 졸업하면 한국어 실력, 한국 생활 경험, 대학 졸업장이 남는다. 훗날 고향에 돌아가 취업하거나 사업하는 데 큰 밑천이 된다. 고생이야

하겠지만 가성비가 충분하다.

어학연수 비자는 수학(修學) 능력과 재정 능력을 입증해야 나온다. 고등학교 졸업장과 통장 잔고 최소 800만 원이 필요하다. 대학에서는 지원자의 두 가지 능력을 확인한 뒤 표준입학허가서를 내준다. 이제 현지 대사관에서 비자를 발급받는다. 이런 과정을 거쳐 한국에 들어오면 먼저 어학당에서 한국어를 배운다. 당장은 일을 못 하고, 6개월을 공부해 2급을 마치면 주당 최대 25시간까지 일할 수 있다.

하지만 더러는 비행기에서 내리기가 무섭게 일자리부터 찾는다. 이미 통장 잔고를 증명하느라 빚을 졌다. 한국은 물가가 비싸고 어학당 등록금이 적지 않다. 어떻게든 돈을 벌어야 한다. 아래는 경남 지역 K 대학 베트남 어학연수생들의 인터뷰다. 다들 허가 없이 허용 시간을 넘겨 일한다. 인재라는 이름으로 들어와 '인력'이 된다.

연구자) 보통 (하루에) 몇 시간 일해요?

학생 C) 저는 5시간.

학생 B) 6시간.

학생 A) 저는 4~6시간.

학생 D) 7시간.

학생 E) 평일에 7시간, 주말에 10시간 해요. 유학생들은 일주일에 20시간이지만 대부분 불법이에요. 신청도 안 하고 일해요. 이렇게 하지 않으면 생활할 수 없어요.

연구자) 지금 어디에서 일해요?

학생 C) 저는 치킨 피자 가게.

학생 B) 배달 떡볶이.

학생 A) 불고기 식당.

학생 D) ○○치킨.

학생 E) ○○식당(돼지고기).

연구자) 보통 학생들은 어디서 알바해요?

학생 B) 가까운 곳에서 알바해요.

학생 A) 방학 때는 시골에서 알바해요. 처음에 왔을 때는 한국어를 잘 모르니까 시골에서 일해요. 지금은 그 일은 안 해요. 너무 힘들어서 지금은 안 해요.*

지역에서 이들을 더욱 반긴다. 내국인 청년들이 떠난 자리를 외국인 유학생이 메우기 때문이다. 덕분에 인구 8만 명의 속초시가 연간 관광객 2,000만 명을 소화한다. 유학생은 '인력'이면서 동시에 '소비자'다. 일해서 번 돈으로 지역에서 먹고 자고 입으니, 지역 상권에 훈기가 돈다. 쇠락해 가는 거리에 젊은이가 다니고 시장, 식당, 공장이 일손을 얻는다. 신입생이 줄어 존폐를 걱정하던 대학은 물론 인근 상

---

* 구지은·박형준, 〈지역 대학의 외국인 유학생 이탈 문제에 관한 질적 연구〉,《다문화 사회와 교육연구》제12집, 2022. 괄호는 필자.

권이 살아난다. 저출생과 고령화, 청년 인구 유출로 걱정만 많던 지방정부는 유학생에게서 미래를 발견한다. 우리 지역 대학에 더 많이 오기를, 졸업 뒤에도 취직해 정주하기를, '주민'이 돼 아기를 낳아 주기를 바란다. 그런데 유학생도 '학생'이다. 공부는 언제 하지?

일하려는 유학생-노동자 vs. 불법체류율에 목매는 대학

유학생은 일과 공부, 두 마리 토끼를 쫓는다. 일해서 학비와 생활비를 벌고 고향으로 송금도 한다. 더불어 한국어를 열심히 배워 한국어능력시험(이하 토픽)을 잘 봐야 한다.* 대학 입학에 3급, 졸업에 4급이 필요하고(이 또한 샛길이 많다), 토픽 성적이 좋으면 장학금을 받는다. 유학생은 보통 세 부류로 나뉜다.

① 전통적인 유학생: 공부를 우선시하고 일은 안 하거나 적게 한다.

② 유학생-노동자: 일과 공부를 병행하되 일이 먼저다. 많이 일하되 비자에 문제가 없도록 출석(해 공부)한다.

③ 잠재적 미등록 노동자: 공부는 접고 일만 한다. 비자를 연장하지 못해 조만간 미등록 노동자가 된다. 애초부터 입국과 취업이 목적이었는지도 모른다.

---

* 한국어능력시험(Test of Proficiency in Korean, TOPIK)은 외국인과 한국어를 모어로 하지 않는 사람의 한국어 능력을 측정하는 시험이다. 교육부 산하 국립국제교육원이 주관하며, 공신력이 높아 입학과 취업에 두루 쓰인다. 1급부터 6급까지로 구분하는데 6급이 최고 등급이다.

구분 (비자 유형)	어학연수 (D-4)	전문학사 (D-2-1)	학사 (D-2-2)	석사 (D-2-3)	박사 (D-2-4)	총 (명)
인원(명)	64,904	10,228	67,858	29,440	20,067	192,497
불법체류자 (전환율)	25,898 (39.9%)	2,790 (27.3%)	5,727 (8.4%)	873	68	35,356 (18.4%)

유학·어학연수 비자 종류별 불법체류자 전환율(2023년 6월 기준, 법무부 자료)

    대학은 불법체류율 관리에 목을 맨다. 2012년부터 교육부와 법무부에서는 교육국제화역량인증제도(이하 인증제)를 시행해 왔다. "외국인 유학생 불법체류 문제에 대응하고, 대학의 국제화 역량을 제고하기 위해"서다. 해마다 여러 기준과 지표를 활용해 대학들을 심사하는데, 핵심은 불법체류율이다. 심사를 통과해 소위 '인증대학'이 되면 혜택이 크다. 비자 발급 기준이 완화되고 시간제 취업 허용 시간이 늘어난다. 반면 불법체류자가 늘어 '비자발급 제한대학'이 되면 사달이 난다. 신규 비자 발급이 제한돼 1년간 신입생을 못 받는다.

    2022년 8월, 김관영 전북지사가 직접 나서서 정부에 '비자발급 제한대학 해제'를 요청했다. 전주대, 원광대, 예원예술대 학위 과정과 우석대 어학연수 과정에서 불법체류자가 늘어 인증제에 걸리자, 대학은 물론 지역에 여파가 컸기 때문이다.

    다음은 유학생 관련 기사 제목들이다.

    "외국 유학생 212명 출석 조작…檢 '대학이 취업 브로커였다'"(《중앙일보》,

2021.12.29).

"'외국인 어학연수 성적 조작' 입학 도운 대학교 교직원들 징역형"(《경향신문》, 2022.1.17).

"행선지 속인 채 공항으로…유학생들 '납치' 출국시킨 한신대"(《한겨레》, 2023.12.14).

"대학, 인력업체 짜고 외국인 불법 입학…전복 양식장 강제 노동"(《한겨레》, 2024.2.9).

"'불법 취업' 외국인 유학생 112명 출석 조작한 대학교수"(《뉴시스》, 2024.4.15).

대구, 수원, 오산, 영암, 원주 등 전국 곳곳에서 유학생 관련 사건이 잇따라 터졌다. 출석 조작, 성적 조작, 납치, 불법 입학, 불법 취업 등 내용도 가지각색이다.

2023년 12월에는 한신대에서 문제가 크게 불거졌다. 우즈베키스탄 어학연수생 22명이 재정 증명 조건을 충족하지 못하자, 대학이 서둘러 이들을 강제 출국시켰다. 2024년 2월에는 세한대학교가 동티모르 유학생을 받아 곧장 진도군 전복 양식장에 취업시켰는데, 시간제 취업 허가를 받지 않았다. 인력 중개업체가 등록금 일부를 대납한 사실도 드러났다. 같은 해 4월에는 강원도 한라대학교 교수 겸 한국어 교육원장 A가 〈출입국관리법〉을 위반해 검찰로 넘겨졌다. 베트남, 몽골, 우즈베키스탄 유학생 112명의 수업 출석을 조작해 체류 기간을 연장하고 체류 자격을 변경할 수 있도록 한 혐의였다.

유학은 매력적인 상품이 되고 유학생은 황금알을 낳는 거위가 됐다. 정부·대학·지역은 교육(의 질) 대신 생존과 수익을 택했다. 정부가 마련한 시간제 취업과 인증제라는 틈바구니에서 대학은 외줄을 탄다. 비자를 팔고 학위를 팔아 생존을 도모한다. 어쩌면 이판사판이라는 심산일지 모르겠다. 대학과 이해관계를 같이하는 지역도 함께 나서 '더, 더, 더'를 외친다. 우화(寓話)가 앞날을 경고했음에도 마몬(Mammon)에 사로잡힌 대학은 거위의 배를 가른다. 이제 노동은 교육을 경로로 삼아 국경을 넘고, 유학은 '저임금 노동력 유입의 측면 통로(side door for cheap labor)'로 전락했다.*

맷돌에 갈리는 한국어 교육과 한국어교원

어학당 교실에서 유학생, 대학(행정실), 한국어교원이 만난다. 학생은 일하려 하고, 대학은 관리하려 하고, 한국어교원은 가르치려 한다. 수업 시간에 단잠을 자는 학생은 오늘 하루를 열심히 보냈다. 밤새워 일해 돈을 벌었고, 피곤한 몸을 이끌고 애서 출석까지 했다. 보람차고 뿌듯하다. 대학은 이런 학생 일에 상관하지 않는다. 아니, 고마워한다. 공부까지 열심히 하면 좋겠지만, 등록금을 냈고 출석을 했다.

* 와세다 대학 그라시아 리우-파러(Gracia Liu-Farrer) 교수의 《중국에서 일본으로의 노동 이주: 유학생, 초국적 이주자(Labour Migration from China to Japan: International Students, Transnational Migrants)》를 참고했다.

불법 취업으로 잡히지도 않았고 잠적하지도 않았다. 어떻게든 더 가르쳐 보려는 한국어교원만 속이 타고 애가 탄다. 한국어 교육은 시간제 취업이라는 밑돌과 인증제라는 윗돌 사이에서 갈려 나간다. 수업, 숙제와 시험, 출결 모두가 궤도를 벗어난다.

수업부터 느슨해진다. 어학당은 1년 4학기, 학기별로 200시간(하루 4시간×주 5일×10주)이 기본이다. 학기 중에는 급에 맞춰 어휘 시험, 작문, 발표, 롤-플레이 등 수행평가를 수차 진행한다. 숙제가 나가고, 시험은 중간·기말 두 번 본다. 하지만 이런 보통의 과정이 현장에서 축소된다.

첫째, 수업 시간부터 줄인다. 주 4일로 한 학기에 160시간을 수업한다. 이렇게 운영해도 비자는 나온다. 둘째, 진도를 천천히 적게 나간다. 100시간 수업용 교재를 200시간 또는 160시간에 걸쳐 가르친다. 유급 없이 1년을 배우면 4개 급을 마치는데, 이렇게 느리게 공부해 2개 급만 공부한다. 셋째, 학습 목적이 달라 쉬운 교재를 택하고 수행평가는 포기한다. 월수금에 진도를 나가고 화목에 토픽을 대비한다고 하지만, 핑계다. 일하느라 결석이 잦은 학생들을 배려(?)해 어떻게든 학습량을 줄인다.

숙제가 사라지고 시험이 쉬워진다. 학생들이 숙제를 안 한다. 일하느라 바쁘다. 책은 교실 책상에 두고 가방도 볼펜도 없이 다니니 집에 책이 없어 숙제를 못 한다. 가끔 정말 간단한 숙제를 카톡으로 내고 받는다. 이런 숙제는 공부를 위한 과제가 아니라 관리 차원의 연락이다. 자주 빠지고 공지 사항을 안 읽는 학생들과 연락이라도 이어가려는 궁여지책이다.

시험은 더 허술하다. 결석이 잦고 공부를 안 하니 성적이 좋을 리 없다. 하지만 진급을 못 해 같은 급을 재수강하면 선생도 부담이고 학생도 흥미를 잃는다. 실력이 부족해도 어떻게든 진급시켜야 한다. 시험에 오기만 하면 기본 점수가 넉넉히 나간다. 뭐라도 말만 하면 말하기 점수를 주고, 조금이라도 쓰면 쓰기 점수를 듬뿍 안긴다. 읽기, 듣기 시험은 OX 문제를 잔뜩 낸다. 이렇게 점수를 만들어서 가까스로(?) 올려보낸다.

출결도 매한가지다. 성적이 중요하지만, 학기마다 80% 이상 출석해야 진급한다. 출석률이 70% 미만으로 내려가면, 출입국·외국인청으로 바로 보고가 들어가고 더 이상 비자가 연장되지 않는다. 그래서 위조한 진료확인서를 내미는 학생까지 생긴다. 예전에는 순순히 믿었지만, 이제는 속지 않는다. 학생과 함께 병원에 전화해 진위를 확인한다. 그럼에도 비자 연장이 안 되면 큰일이라고, 출석을 고쳐 달라고 한다. 다른 어학당은 해 준다고, 다른 선생님은 해 줬다고 생떼를 부리기도 한다. 지각도 정확히 기록한다. 학생이 2교시에 와서 지각으로 처리하려는데, 행정실에서 넌지시 말한다.

"선생님, 융통성 있게 해 주세요."

자존감과 삶의 질이 떨어지고 자괴감에 시달린다. 한국어교원도 선생이다. 수업이 최우선이다. 수준에 맞춰 PPT를 다듬고 연습지를 고쳐 가며 수업을 준비한다. 교실에는 전통적인 유학생이 적고 유학생-노동자, 잠재적 미등록 노동자가 많다. 학생이 안 온다. 와서는 잔다. PPT는 보지도 않고 연습지는 바닥에 버려진다. 몇몇 열심히 하는 학생만 보고 수업한다지만, 이게 정말 가르치는 일인가 싶다. 이러려고 대학원 공부해서 한국어교원이 됐나 하는데, 연락이 온다. 주임 강사, 행정실이다. 결석한 학생에게 문자 보내라고, 찾아보라고 한다. 낮은 출석률을 강사 탓으로 돌린다. 충분히 관리하지 않아서 그렇단다.

"여러분, 학교에 오세요. 학교에 안 오면 비자 연장 못 해요."

나는 누구고, 여기는 어디인가?

사라진 한국어교원

어학당 괴담이 도시 전설처럼 떠돈다.

괴담 하나. 학생이 하도 자대는 바람에 도저히 수업할 수 없었던 A 선생님이 학생을 깨우며 말했다.

"일어나세요. 우리 공부해요."

수면을 방해받아 짜증 난 학생이 행정실로 찾아갔다. 다음 학기부터 그 어학당에서는 더 이상 A 선생님을 볼 수 없었다.

괴담 둘. 약간 변형된 버전이다. 역시나 학생이 쉬지도(!) 않고 잔다. 참다못한 B 선생님이 학생에게 말했다.

"수업에 오기는 했지만, 수업 내내 자기만 했어요. 이건 출석한 게 아니에요. 결석이에요."

기분이 상한 학생이 행정실로 갔다. 역시나 다음 학기에 B 선생님도 사라졌다.

괴담 셋. 이번에도 배경은 같다. 다들 공부를 안 하고 계속 잔다. C 선생님은 학기 내내 자는 학생들을 깨워 가면서 열심히 가르쳤다. 이번 학생들은 행정실을 찾아가지 않았다. 학기가 무사히(?) 잘 끝난 듯했으나, C 선생님은 계약이 연장되지 않았다. 영문도 모른 채 어학당을 떠나야 했다. 행정실로 가지 않아도 방법이 있다. 강의 평가다. 종강을 앞두고 학생들이 소위 '강평 테러(?)'를 했다. 5점 만점에 모두 1점을 매겼다. '선생님이 수업 시간(9시~1시)을 잘 지켰습니까?'도 1점이었다.

현실 같은 괴담, 괴담 같은 현실이 어지럽다. 학교는 한국어교원이 안중에 없다.

대학, 지역, 그리고 외국인 유학생이 동맹을 맺었다. 서로 이해관계가 맞았다. 대학은 등록금을 받아 생존한다. 지역은 인력과 주민이 늘어 소멸을 면한다. 유학생은 돈을 벌면서 한국어 실력(?), 한국 생활 경험, 대학 졸업장을 얻는다. 그러나 거기에 한국어 수업과 한국어교원의 자리는 없다.

유학생, 인재, 인력, 소비자, 이주민, 노동자, 이 모두가 내 학생을 가리키는 말이다. 뭐라 부르건, 어찌 여기건, 교실에서만큼은 내 학생이다. 선생님에게는 수업이, 교실이, 한국어가 소중하다. 학생답게, 선생답게, 수업답게, 학교답게 한국어를 가르치고 배울 수 있어야 한다. 그게 당연한데, 당연한 그게 안 돼서, 그 '당연'이 이루어지기를 소망한다. '당연'이 참 어렵다.

2

교실 안,
제도 밖에서*

"한 교실에서 두 선생님이 수업했어요. 학생들 수준이 초급, 중급, 고급으로 다르잖아요. 그런데 교실이 하나라서 선생님 둘이 칠판 하나를 반으로 갈라서 수업했어요."

"학생들 하교 지도를 하는 어르신들 계시잖아요. 이분들이 모여 쉬는 곳이 있는데, 거기서 학생들하고 수업했어요. 하다가 학부모회실로 옮겨서 수업하고."

"담임선생님이 계시는 그 교실에서 아이와 저와 수업하도록. 담임선생님이 계속 우리를 지켜보고, 그래서 너무 불편한 거예요. 어린아이랑 같이 놀

---

* 이 글은 연구 보고서 〈초중등학교 한국어교원의 노동 실태 분석과 처우 개선 방안〉(2025)에 힘입었다. 해당 보고서에 책임연구원으로 참여해, 전국의 초중등학교 한국어교원 10명을 심층 인터뷰하고 근로계약서 19장을 분석했다.

면서 수업하고 싶은데."

"요일마다 수업 장소가 달랐어요. 월요일에는 음악실, 화요일에는 과학실, 금요일에는 교사들이 학습 자료 준비하는 그런 휴게실 같은 공간에서 수업했고, 또 저도 작년에는 (…) 담임선생님이 보시는 데서 수업했고."[*]

교실이 준비되지 않았다. 한국어 수업은 어딘가 남는 공간을 임시로 빌려 쓰는 신세다. 상담실과 학부모회실, 음악실과 과학실을 전전한다. 가림막으로 급히 나눈 교실에서 학생들과 마주 앉기도 한다. "안 쓰는 교실을 정리해 줘서 항상 그곳에서만 수업했어요"라는 대답도 있었지만, 그것은 혜택이 아니라 기본이다. 현실이 하도 열악하다 보니 기본이 배려로 여겨진다.

'임시 교실'은 단순히 공간만의 문제가 아니다. 이주배경 학생들, 한국어 의사소통 능력이 없거나 부족한 학생들이 한국어를 배운다. 이런 불안정한 환경에서 체계적이고 지속적인 교육이 가능할까? 한국어 수업이 흔들리고 이주배경 학생이 소외된다. 다문화 사회에 들어선 한국 공교육의 민낯이다.

---

[*] 경기, 부산, 전북, 충북 초중등학교 한국어교원 인터뷰 중에서.

다양한 이주배경 학생과 개별화 수업

19만3,814명, 2024년 이주배경 학생 수다. 이들은 국적, 이주 경로, 가족 구성, 그리고 생활 배경과 한국어 수준까지 모두 제각각이다. 어떤 아이는 한국에서 태어나 유치원부터 다녔고, 어떤 아이는 작년 겨울에야 한국에 와서 생전 처음 눈을 봤다. 부모가 모두 외국 국적인 학생이 있고, 부모 중 한 명이 없거나 함께 살지 못한 채 자라는 아이가 있다.

교육부는 이들을 크게 세 범주로 분류한다. 한국인과 결혼이민자 사이에서 태어난 '국내 출생 자녀', 본국에서 성장하다 입국한 '중도입국자녀', 부모 모두 외국인인 '외국인 가정 자녀'다. 여기에 탈북 학생과 귀국 학생이 추가된다. 탈북 학생은 북한을 벗어났지만, 한국에 들어오지 못해 10년이 넘도록 제3국을 떠돌기도 한다. 그 과정에서 많은 아이가 정규 교육을 받지 못한다. 귀국 학생*은 부모가 모두 한국 국적이더라도 외국에서 오래 살아 한국어에 서툰 경우가 많다.

국내 출생 자녀는 그나마 한국어 실력이 낫다. 그러나 일상생활을 넘어서 한자어나 추상적인 개념을 이해하는 데는 어려움을 겪는다. 사회의 편견과 차별도 발목을 잡는다. 중도입국자녀는 상황이 더 복

---

* 〈초·중등교육법〉 시행령에 따르면, "귀국 학생 등"은 다음 중 하나에 해당하는 아동 또는 학생이다. 외국에서 귀국한 아동 또는 학생, 재외국민의 자녀, 북한이탈주민인 아동 또는 학생, 외국 국적의 아동 또는 학생, 국내에 거주하지 않았거나 국내 학적이 없는 등의 사유로 일반 입학·전학 절차를 거칠 수 없는 아동 또는 학생.

구분		국제결혼 가정 자녀		외국인 가정 자녀	
		국내출생	중도입국(해외출생 후)	중도입국	국내출생
배경	부모	한국인-외국인	한국인-외국인	한국인-외국인 (재혼)	외국인-외국인	
	출생	한국	외국		외국	한국
국적		내국인	내국인 (결혼 이후 生)	외국인 (결혼 이전 生)	외국인	외국인
한국어 역량		○ (대체로 높음)	△/× (입국 시점에 따라)	× (대체로 낮음)	× (대체로 낮음)	△ (한국어 역량 보유 경우 有)
체류 자격		내국인으로서 체류에 문제 없음		방문동거비자 입양시 국적 취득	체류 비자 다양 ǀ 비자별 체류·취업 큰 차이	
				고교까지 체류 가능(체류 자격 무관) ǀ 졸업 후 유학, 취업비자가 있어야 체류 가능		
특성		한국인 정체성 높음 ǀ 통합교육 선호 ǀ 일부 다문화가정임을 노출하기 꺼리는 경향	생활 만족도 낮은 편 ǀ 새로운 가족, 문화 등으로 스트레스 높음 ǀ 차별 경험 높음		부모의 사회경제적 배경에 따라 다양한 특성 ǀ 불법체류 등 정주 여건이 불안정한 경우 있음	

이주배경 학생의 주요 특성 자료(관계 부처 합동, 〈이주배경 학생 맞춤형 교육 지원 방안〉, 2025년 2월)

잡하다. 성장기의 한복판에 한국에 들어왔다. 언어, 문화, 인간관계를 새로 시작해야 한다. 정체성 혼란, 심리 불안, 학습 부진이 서로 얽힌다. 그러는 동안 모어도 한국어도 어정쩡해진다. 체류 자격이 불안정한 외국인 가정 자녀는 정주 여건 또한 열악한 경우가 많다. 전학이 잦아 친구를 사귀기 어렵고 학업을 중단하기도 한다. 한국 국적이 아니기에 공식 통계에서 사각지대에 놓인다.[*]

[*] 작가 은유는 국가인권위원회의 의뢰를 받아 미등록 이주 아동에 관한 책《있지만 없는

개별화 수업(differentiated instruction)이 필요하다. 학생마다 얼굴이 다르고 속도가 다르며 품은 이야기와 사정이 다르다. 개별화 수업은 학생 개개인의 한국어 능력, 인지 발달 수준, 심리적 특성에 맞춰 수업 내용과 방식, 평가와 지원을 조정하는 맞춤형 수업이다. 특히 중도입국자녀나 외국인 가정 자녀처럼 한국어를 거의 모르는 상태로 들어온 학생에게는 개별화 수업이 곧 생존이자 통로다. 의사소통에서부터 학교 적응, 학업 결손, 정체성 혼란까지 문제가 다층적이다. 이런 현실에서 '동일한 교육'은 곧 방치다.

초중등 한국어 교육의 목표는 분명하다. 우선, 생활 한국어(의사소통 한국어)에서 출발해 학습 한국어(학습 도구 한국어와 교과 적응 한국어)까지 나아가야 한다. 친구와 잡담하고 선생님 지시를 알아듣는 것은 기본이다. 선주민 학생들과 한 교실에서 공부할 수 있도록, 교과 내용을 충분히 따라갈 수 있도록 한국어를 익혀야 한다. 나아가 개개인의 잠재력을 발현할 기반을 마련해야 한다.

이를 위해 여러 프로그램이 진행 중이다. 학교 안에 '한국어 학급'이 마련되고, 방과 후에 '찾아가는 한국어 교육'을 받기도 한다. 한국어 역량이 낮으면 학교 밖 지역 거점 '한국어 예비 과정'에서 집중적으로 배우기도 한다. 제도는 다양해도 목표는 하나다. 이주배경 학생 한 명 한 명에게 맞추는 일이다. 하지만 현실은 한참 부족하다.

아이들》(창비, 2021)을 썼다.

교실 안팎의 숨은 노동

"사실 한국어 학급에서 공부하는 학생들도 수준이 천차만별이에요. 한국어를 배우는 속도도 다르고요. 실제 맞춤형 교육을 해야 한다고 하지만 현실에서는 쉽지 않은 거죠. 학생들이 한국어를 거의 모르는 상태에서 오는 경우가 있고, 어느 정도 알고 오는 학생들이 있어서 수준별로 가르쳐 주면 좋은데, 그렇지 못한 경우가 생기더라고요. 중간에 들어오는 학생들도 꽤 있어서 어느 한쪽에 맞추기가 쉽지 않아요. 한 반에 많을 때는 20명까지 가르친 적이 있어요."

"학생들이 교과 적응에 필요한 한국어 능력까지 갖춰야 하는 게 목표이긴 하지만 현실은 그렇지 않아요. 확실히 학습 한국어를 가르칠 때 더 어려워하는 것 같고 생활 한국어는 좀 빨리 학습하지만 (…) 선생님이 하는 말이 뭔지 잘 모르겠다고 하더라고요. 기본적인 한국어를 가르치는 것과는 별개로 교과 학습에 도움이 되는 한국어 학습이 더 많이 이뤄질 필요가 있는 것 같아요."[*]

한국어 학급은 이인삼각으로 운영하되 위계가 뚜렷하다. 주는 정규 교사고, 객은 한국어교원이다. 중요한 차이가 있다. 이름부터 다르다. 초중등학교의 선생님은 교사지만, 한국어교원은 교사가 아니라

---

[*] 강소영, 〈이주배경 학생 대상 한국어 교육의 정책 현황 및 개선 방향 연구〉, 《청람어문교육》 제102집, 2024, 55~56쪽, 인터뷰 내용.

강사다. 가령 이주배경 아동 A가 중학교 2학년 3반에 배정됐다. 이를 원적 학급이라고 한다. 아직 한국어가 서툰 A는 학교생활은 물론 교과 학습에도 어려움을 겪는다. A와 같은 학생이 학교에 5명 이상이면 한국어 학급을 따로 연다. 정규 교사가 담임을 맡아 전반을 관리하며 한국어 수업을 일부 맡는다. A는 한국어가 덜 필요한 음악, 미술, 체육 등을 원적 학급에서 반 친구들과 함께 수업한다. 높은 수준의 한국어가 필요한 국어나 사회 시간에는 한국어 학급에서 한국어교원(강사)에게 한국어를 배운다.

수업 준비는 끝이 없다. 같은 내용을 가르쳐도 학생이 달라지니 매번 준비가 새롭다. 한 시간 수업을 위해 짧게는 30분, 길게는 한 시간 이상 준비한다. 어릴수록 집중하는 시간이 짧다. 흥미를 느끼도록, 지루할 틈이 없도록 재미있게 활동하며 가르쳐야 한다. PPT를 고치고 새로운 활동을 고민한다. 어떤 선생님은 2시간짜리 특강을 준비하는 데 2주가 걸렸다. 한편, 학생이 2명이어도 수준 차이가 크면 수업을 따로 준비해야 한다. 한 교실에서 1급 학생에게 설명하고 과제를 내줄 때 3급 학생에게 문법을 설명해야 한다. 교실은 하나지만 수업이 둘이다. 학생이 3명인데 수준이 모두 다르면, 선생님은 한숨이 절로 난다.

수업은 난관의 연속이다. 다수가 공부에 관심이 적다. 딴짓이 잦고 입을 다물기도 한다. 초등학교 저학년 학생은 아직 학교와 수업에 익숙하지 않다. "오세요, 앉으세요"라고 수없이 되풀이한다. 고등학생도 별반 다르지 않다. 한국에 온 지 6년이 됐지만, 기본적인 문장을 못 만든다. 바른 자세로 앉으라는 말로 시작한다. 공부 방법을 몰라 단어 외우는 방법부터 가르친다. 쓰기가 부족해 같이 연습하자고 하면 고개부터 가로젓는다. 풀라는 문제는 안 풀고 핸드폰을 보면서 화장실에 가겠다고 한다. 선생님과 협상해 수업에서 벗어날 방법을 궁리한다. 충남 지역 고등학교에서 한국어를 가르친 선생님은 학생 8명 가운데 6명이 대학 진학을 생각조차 않는다며 안타까워했다.

선생님들은 아이들의 눈물과 웃음, 고민과 꿈까지 함께 감당한다. 아이들은 다투고 운다. ADHD 학생을 돌보기도 한다. 아이들은 원적 학급이 편치만은 않다. 친구가 있지만 '삼국 시대'라는 어휘조차 몰라 수업을 못 따라간다. 그저 앉아만 있는다. 그에 비하면 한국어 학급은 편하다. 자기에게 더 관심을 가져 주고, 서툴지만 한국어로 소통하는 데 상대적으로 부담이 적다. 한국어교원에게 더 많은 것을 의지하게 된다. 그래서 선생님들은 "단순히 수업이 아니라, 아이 그 자체를 책임지고 있다"라고 토로한다.

학생들은 다르게 배우고 다르게 성장한다. 개별화 수업은 이러한 전제를 실천에 옮기는 방식이다. 그러나 교육 여건이 이를 충분히 뒷받침하기 어렵다. 시간이 부족해 생활 한국어도 겨우 따라가다 보니 학습 한국어는 언감생심이다. 수준별 교재도, 학년에 따른 교육 자료도 부족하다. 함께 한국어 학급을 운영하는 담임선생님은 부가 업무가 많고 이주배경 학생과 한국어 교육을 잘 모른다.* 학부모와는 의사소통이 불편하다. 정책적으로 분리된 맞춤형 지원을 받기 어렵다. 외국인 가정 자녀, 난민 아동, 고려인 자녀처럼 배경이 복합적인 학생들이 '이주배경 학생'이라는 이름으로 납작하게 묶인 탓이다. 무엇보다 한국어교원의 열악한 처우가 발목을 잡는다. 모두 기간제 초단시간노동자다.

한국어교원, 아니 '방문자'

초중등 한국어교원의 지위는 복잡다단하다. 스스로를 설명할 명확한 법적 용어조차 없다. 〈초·중등교육법〉에서는 '강사'로 분류한다.** 교육부가 마련한 〈한국어 교육과정〉을 담당하는 이가 한국어교원이다. 학교와 쓰는 계약서 대부분에 '근로자'라고 명시했지만, 임금명세서는 없고 급여일은 불규칙하며 프리랜서에게 적용되는 3.3%를 원천 징수한다. 재직증명서는 없고 근무사실확인서와 경력증명서만 가능했다. 재직증명서가 없으니 은행 대출이나 자녀 어린이집 맞벌이 증명 등 기본적인 생활이 제약받는다. 단순한 서류 문제가 아니다. 한국어교원의 존재가 제도적으로 인정받지 못한다는 의미다.

* 신임 교사의 말이다. "학교를 다닐 때 한 번도 이주배경 학생을 만나 본 적이 없는데, 임용 후 (이주배경 학생) 밀집 학교에 바로 발령이 나 어려움을 많이 겪었습니다"(관계부처 합동, 〈이주배경 학생 맞춤형 교육 지원 방안〉, 2025년 2월).
** 〈초·중등교육법〉에 따르면 "교육과정을 운영하기 위해 필요하면 학교에 (…) 산학겸임교사·명예교사 또는 강사 등을 두어 학생의 교육을 담당하게 할 수 있다."

초중등 한국어교원은 계약상 초단시간근로자에 해당한다. 전북특별자치도교육청 '관내' 학교와 유치원에서 근무하는 강사는 주당 최대 14시간까지만 허용된다. 4주를 평균해 주당 소정근로시간이 15시간(월 60시간)을 넘지 않아야 한다. 경남교육청도 다르지 않다. '관내'에서 2개 이상의 학교에 근무하더라도 주당 수업 시간의 합이 15시간 미만, 월간 총 수업 시수가 56시간 이하여야 한다. 경기도도 마찬가지다. 다른 학교와 중복 계약할 때 주당 근무시간의 합이 14시간 이하, 월 56시간 이하를 반드시 지켜야 한다. 주휴수당, 연차유급휴가, 4대 보험, 퇴직금(1년 이상 근무 시), 무기계약직 전환 가능성 등을 회피하기 위한 의도적 제한이다.

편의점을 생각해 보자. 일손이 일주일에 40시간 필요해도 초단시간근로자를 활용한다. 이른바 '쪼개기 계약'으로 주당 14시간씩만 일을 맡긴다. 노동법을 회피하고 비용을 절감하기 위해서다. 편의점이야 소규모 자영업자라 그렇다 치자. 이주배경 학생의 한국어 교육은 다문화 사회 통합의 핵심이다. 국가 차원의 〈한국어 교육과정〉이 마련됐고, 이에 맞춰 국립국어원에서 《표준 한국어》라는 교재까지 만들었다. 그런데 공교육을 책임지는 정부가 초단시간근로자를 양산한다. 게다가 눈 가리고 아웅까지 한다.

특히 '관내'라는 조건은 폭력적이다. 초중등학교 한국어교원이 작성하는 근로계약서에도 당연히 갑과 을이 있다. 갑은 해당 학교장, 을은 한국어교원이다. 그런데 이 갑이 허수아비다. 편의점이라면 A 편의점과 인근 B 편의점에서 각각 14시간씩 도합 28시간을 일해도 된다. 사업장이 두 곳이고 사장이 2명이기 때문이다. 초중등학교는 그렇지 못하다. 관내 A 학교와 B 학교에서 12시간씩 수업하면 합계 24시간, 초단시간근로자가 아니게 된다. 계약상의 갑은 학교장이지만, 실질에서는 교육감 한 명이 사용자이기 때문이다. 이런 이유로 '관내' 합계 15시간 미만을 강요한다.

초중등 한국어교원은 계약 기간 10개월 안팎의 기간제 근로자다. 대개 3월 말부터 이듬해 1월 초, 겨울 방학 전까지다. 새 학년이 시작되고 3월 말이나 4월 초가 되면 원적 교실이 차츰 안정된다. 한국어 학급 예산이 나온다. 이때부터 한국어 수업이 열리는데 여름방학과 겨울방학에는 수업이 없다. 한국어교원은 소득이 끊기고, 학생들은 한국어를 잊는다. 심한 경우 방학이 지나면 학생의 한국어가 도로 제자리다. 이주배경 학생에게 한국어는 최우선 과목이다. 하지만 선생님은 해마다 재채용 절차를 밟는다. 서류, 시범강의, 면접을 매번 새로 진행한다. 고용의 연속성과 안정성이 구조적으로 부정된다.

이렇듯 지위도 시간도 기간도 불안정하다. 법적으로는 강사, 실무적으로는 한국어교원, 계약상으로는 근로자지만 세무 처리는 프리랜서다. 계약상 주당 14시간으로 제한된 초단시간근로에, 10개월도 안 되는 기간제 계약을 해마다 반복한다. 어떤 선생님은 계약 기간 내내 학교 보안관실에서 '방문자'라고 적어야 했다. 사회적 인정은커녕 존재조차 모호하다. 그래서 선생님들은 처우에 앞서 '존중'부터 바랐다.

이주배경 학생에게 한국어는 생활하고, 공부하고, 시민으로 살아가기 위한 기본 전제다. 하지만 제도와 행정, 구조와 사회적 시선 모두가 한국어교원을 선생님으로 인정하지 않는다. 한국어 교육이 공교육에 속하는지 의심스러울 정도다. 다문화 사회가 토대부터 흔들린다.

당연한 것이 이상(理想)인 사회

2018년 부산 지역 중학교에 '한국어 학급'이 처음 생겼다. '처음 생겼다'라는 표현대로 이전에는 없었다. 학교에서는 누가 한국어 학급 담임을 맡을지 의견이 분분했다. 예상대로(?) 국어 교사가 등이 떠밀렸다. 국어과니까 한국어를 가르칠 수 있지 않느냐는 '암묵적 합의'가 작용했다. 학생 관리와 학급 관리, 그리고 한국어 수업 일부를 맡게 된 국어 선생님은 허둥지둥, 우왕좌왕했다. 이런 상황을 부산대 국어교육과 김중수 교수가 주목했다. 심층 면담을 통해 〈부산 지역 중학교 한국어 학급 담당 국어 교사의 교육 경험에 대한 질적 연구〉라는 논문을 썼다. 다층적인 내용 가운데 몇 문장을 인용해 의견을 붙인다.

첫째, "그만큼 국어 교육과 한국어 교육의 차이를 실감했다는 뜻이다." 국어 선생님은 한국어 수업을 힘들어 하고 국어 수업을 그리워했다. 한 교사는 한국어 수업이 "우울하다고 느껴질 정도"라며 자신의 국어 교사 정체성에까지 혼란을 느꼈다. 국어 교육과 한국어 교육은 닮은 듯하지만, 대상, 목적, 방법 등이 전혀 다르다. '화성에서 온

남자, 금성에서 온 여자'만큼 다르다. "둘 다 사람 아니냐?"라고 말해 봐야 위로가 되지 않는다. 마찬가지로 국어 교사와 한국어교원도 구분돼야 한다. 담임선생님들은 '한국어 수업'과 '한국어 학급 업무'의 분리를 제안하면서 이렇게 말했다.

"한국어 수업은 한국어 강사가."

둘째, "왜냐면 이제 교과 어휘는 완전 딴 세상이니까." 의사소통이 조금 된다고 원적 학급으로 돌려보내면 수업을 못 따라간다. 기초학력이 부진해서가 아니라, 학습 한국어가 충분하지 않아서다. 상호 텍스트성, 표준편차, 동학농민운동, 말피기소체…. 교과별 어휘 예시다. 〈한국어 교육과정〉에 따르면, 이런 "교과 적응 한국어 교육의 교과별 교수·학습은 한국어 교육 능력을 가진 교과 전문 교사가 주도한다." 뜻은 높지만, 비현실적이다. 한국어 교육 능력을 가진 교과 전문 교사가 없다. 국어 교사도 한국어 수업에 혀를 내둘렀다. 교과 교사는 한국어 교육을 모르고, 한국어교원은 교과를 모른다. 게다가 '교과별'이라면 해당 과목 교사가 각각 가르쳐야 한다. 더 많은 고민과 논의가 필요하다.

셋째, "이제부터라도 정년이 보장되는 '한국어 전문 강사 1명'을 각 학교의 한국어 학급에 배치하기를 제안한다." 김중수 교수는 이 제안을 스스로 "이상적"이라고 평가했다. 인건비가 많이 들기 때문이다. 그러면서도 건강한 다문화 사회를 고려하면 그리 큰돈은 아니라며, 초기부터 한국어 학급에 투자해야 한다고 역설했다. 교육의 3요소는 학생, 교육 내용, 교사다. 이주배경 학생이 이미 많고 〈한국어 교육과정〉과 교재가 마련됐다. 한국어 학급도 개설됐지만, 한국어교원은 지위가 없고 고용이 불안정하다. 김 교수 스스로 이상이라고 표현할 수밖에 없었던 그 결론. 그만큼 우리가 늦었다. 시간이 별로 없다. 서둘러야 한다.

"글자는 왼쪽에서 오른쪽으로 써야지요."
"음, 이웃 사람이 무슨 뜻이냐 하면…."
"선생님, 어제 친구가 망했어요(어제 친구가 말했어요)."
"응? 누가 망했다고?"

한국어 학급 담임선생님의 긴급한 사정으로 수업을 대신하게 되었다. (…) 미리 수업 준비를 하지는 못했지만, 내심 '한국어를 모국어로 50년 이상 사용하고 있고 교장도 선생님인데' 하는 마음으로 큰 걱정 없이 교실에 들어갔다.

그런데 아뿔싸, 글자를 오른쪽에서 왼쪽으로 쓰는 아이부터, 글자를 그리고 있는 아이, 글자는 읽지만 무슨 뜻인지 이해하지 못하는 아이, 한국어인 것 같기는 한데 무슨 말을 하려는지 도통 알 수 없는 아이까지 수업을 시작한 지 10여 분이 지났을 뿐인데 등에서 진땀이 흐르고, 선생님인 내가 오히려 시계를 자꾸 쳐다보게 되는 웃픈 상황이 벌어졌다. 다음 날 한국어 학급 담임선생님에게 건넨 나의 첫 마디가 "선생님, 정말 수고 많으십니다!"였음은 두말할 나위가 없다.*

내용보다 주변 맥락에 눈길이 갔다. 2024년 현재 전국 696개 학교에서 이주배경 학생 비율이 30%를 넘었다. 120년이 넘는 역사를 자랑하는 김해동광초등학교도 전교생 450명 가운데 이주배경 학생이 18개 국가 170명으로 38%에 이른다. 이런 학교의 교장 선생님이 직접 한국어 학급 수업에 들어갔다. "미리 수업 준비를 하지는 못했지만 (…) 큰 걱정 없이" 들어갔다가 낭패를 겪었다. 한마디로 '대략 난감'. 그럴 수밖에 없다. 한국어 교육에 대한 이해와 준비가 없다면, 아무리 오랜 경력의 교장 선생님이라도 당황할 수밖에 없다. 비단 이 교장 선생님만이 아니다. 아직도 한국어 수업을 대수롭지 않은 일로, 누구나 가르칠 수 있는 과목으로 여긴다. 이주배경 학생이 이미 교실 안에 들어왔지만, 한국어 교육에 대한 인식은 여전히 교실 밖에 머물러 있다. 이 칼럼 날짜가 2024년 9월이다.

---

* 김성미(김해동광초등학교 교장), "나의 첫 한국어 학급 수업 이야기", 〈경남신문〉, 2024.9.5.

3

추가어로서의 한국어

"작전명 미라클(Miracle)."

2021년 8월 26일, 아프가니스탄 특별기여자 79가구 391명이 인천공항에 도착했다. 그 가운데 238명이 미성년자였고, 취학 전 아동만 99명에 달했다. 당시 박범계 법무부 장관은 한국이 제2의 고국이 될 수 있도록 정착을 돕겠다고 했다.

첫 임시 거처는 충북 진천이었다. 9월 23일부터 한국 적응을 위한 '사회통합프로그램'이 시작됐다. 주당 10시간씩 총 215시간 과정이었으며, 전체 5단계 중 초급인 2단계까지를 우선 목표로 삼았다. 나이와 성별에 따라 반을 나눠 한국어부터 배웠다. 최종 목표는 정착을 넘어 자립이다.

10월 27일, 한국에 온 지 두 달 만에 특별기여자와 가족들은 전남 여수로 이동했다. 그곳에서도 사회통합프로그램은 이어졌다. 아버지, 어머니, 아이 모두 한국어를 배우고 한국 문화를 익혔다. 생존을 위해 고향을 떠나왔지만, 한국은 낯설기만 했다. 그래도 이곳에 정착해야 했다. 삶이 더 나아지기를 바랐다.

2022년 2월 초, 5개월에 걸친 교육이 마무리되면서 하나둘씩 퇴소했다. 일부는 아프간 공동체가 있는 인천·경기 지역으로 갔다. 40%에 해당하는 29가구 157명은 울산 동구로 향했다. 현대중공업 협력업체에서 아버지들에게 일자리와 사택을 제공했다. 새로운 터전이 생겼지만, 정착해 자립하기까지는 아직 갈 길이 멀었다. 가장 큰 걸림돌은 역시 한국어였다. 아이들만 한국어 실력이 빠르게 늘었다.

언어 중개인이 된 아이들

2022년 3월 21일, 사진 한 장이 화제가 됐다. 당시 노옥희 울산시 교육감이 아프간 특별기여자 아이의 손을 잡고 등교하는 사진이다. "단 한 명의 아이도 포기하지 않는 울산 교육"이 노 교육감의 교육 철학이었다. 선주민 학부모들의 우려와 반대를 대화로 풀어내며 아이들을 공교육 안으로 품었다.

'한국 문화 적응반'을 따로 열어, 일주일 30시간 수업 가운데 14시간을 한국어에 집중했다. 영어, 체육, 미술 등 상대적으로 한국어가 덜 필요한 과목은 원적 교실에서 선주민 학생들과 함께 수업했다. 아이들은 차츰 한국과 학교에 적응했다. 한국어가 늘고 친구들과 어울렸다.

이 변화의 배경에는 전폭적인 지원이 있었다. 교육청은 예산 26억 원을 들여 특별학급을 편성하고 한국어 수업을 대폭 늘렸다. 한국 생활과 학교생활 교육, 별도 보충학습도 진행했다. 한국어교원, 여건개선교사, 전문상담교사, 교육활동지원사를 아낌없이 배치했다. 이전까지 울산에서 이주배경 학생은 일주일에 두어 번 '찾아가는 한국어교육' 프로그램을 통해 배우는 게 전부였다.

이런 노력 덕분에 아프간 학생들의 한국어가 단기간에 부쩍 늘었다. 그리고 아이들이 부모 역할을 대신하기 시작했다. 아프간 가족의 이주와 정착을 심층 취재한 김영화 기자는 이렇게 적었다.

아프간 학생들은 분명 여느 중학생과 달랐다. 어떤 날은 아픈 동생의 병원 입원 수속 때문에 조퇴하고, 어떤 날은 온라인으로 식료품 사는 법을 알려 달라고 했다. 행정복지센터에 가서 서류 떼는 걸 도와 준 적도 있다. 미성년자가 할 수 없는 일들이지만, 한국어가 부족한 부모님 대신 해야 하는 상황이 자꾸만 생겼다. 공부하기 싫어하고 연예인이나 축구에 열광할 때 영락없는 중학생이다가도 '어린 가장'이 되는 순간이 툭 나오곤 했다. 이주가 아이들을 일찍 철들게 한다.[*]

---

[*] 김영화, 《미래를 먼저 경험했습니다》, 메멘토, 2024, 181쪽.

언어 중개인(Language Broker)은 두 개 이상의 언어와 문화를 연결하며 중재자 역할을 한다. 주로 이민자 가정에서 아이들이 가족을 위해 통역하거나 번역을 맡는 경우다. 이들은 단순히 언어를 번역하는 것을 넘어 문화적 맥락을 이해하고 상황에 맞게 의사소통을 돕는 역할을 한다. 예를 들어, 이민자 부모가 병원이나 관공서에서 의사소통이 어려울 때 어린 자녀가 동행해 통역한다. 공식 통역사와 달리 전문 교육을 받지 않은 상태에서 가족 간의 비공식적 의사소통을 중재할 때도 많다. 가정 내 통역사, 학교 중재자, 사회적 중재자 등 역할이 다양하다. 문화적 차이로 발생할 수 있는 오해를 줄이고 양쪽 문화를 연결해 원활한 의사소통을 돕는다.

인디애나 대학 권혜영 교수는 저서 《언어 중개인(Language Brokers)》에서 남부 캘리포니아에 거주하는 멕시코계와 한인계 청소년을 연구했다. 미국 이민자 가정의 3분의 2는 부모 중 한 명 이상이 영어 능력이 부족하다. 상대적으로 영어에 능숙한 아이들이 자연스레 언어 중개인이 되고, 때로는 중요한 상황까지 통역한다. 의료와 형사사법 분야에서도 통역을 맡아 단순한 언어 번역을 넘어선 복잡한 역할을 보여 줬다. 아이들은 어릴 때부터 부모가 직면한 가혹한 경제 현실을 목격한다. 그리고 원치 않는 조숙을 강요받는다. 아이들이 어른 역할을 떠맡는 이 현실이 당연해져서는 안 된다. 언어 중개인의 부담에서 벗어나 또래다운 삶을 누려야 한다. 이주민 부모의 한국어 교육 지원이 더욱 절실한 이유다.

한국어 교육이 부족한 정부, 한국어가 부족한 이주민

아프간 특별기여자들이 방송에 나왔다. 한국에 온 지 18개월, KBS 시사교양 프로그램 〈이웃집 찰스〉에서 울산 동구로 이들을 찾아갔다. 방송에서 부모들은 다리어(아프가니스탄어)로 인터뷰했다. 그들은 진천과 여수에서 배운 한국어가 전부였다. 아버지들은 아프간에서는 의사, 간호사, 통역사였지만, 한국에서는 육체노동자가 됐다. 일이 고돼 몸이 무겁고 체력이 달린다. 직장에서 한국어로 몇 마디 하기도 하지만, 조각난 한국어일 뿐이다.

어머니들은 한국어가 1급 수준에 머물렀다. 하고 싶은 말의 대부분은 다리어로 했다. 육아와 집안일에 치여, 한국어를 배울 시간도 한국 사람과 어울려 한국어로 말할 기회도 충분하지 않았다. 어머니들 가운데 한국말을 가장 잘한다는 사지아 씨도 2급에 못 미쳤다. 그녀는 편의점, 빵집, 마트를 찾아 아르바이트할 수 있느냐고 부족한 한국어로 물었다. 다들 없다고, 구했다고 한다. "걱정 대신 희망을 품는 밤"이라는 내레이션과 함께 카메라가 사지아를 비췄다. 늦은 밤 한국어를 공부하고 있었다.

어머니들에게는 '수업' 자체가 부담이었다. 탈레반 정권은 여성의 권리를 극도로 제한했다. 생존을 위해 하루아침에 한국에 오게 된 어머니 대다수가 무학이거나 초등학교만 졸업했다. 한글 자모 습득은 이후 한국어 학습에 끼치는 영향이 크다. 자모가 눈과 입에 붙어 자신감이 생기면 선순환한다. 자주 읽어 실력이 늘고, 실력이 늘어 더 많이 읽는다. 반대로 자모에서 막히면 점차 더뎌진다. 충북 진천에서 수업한 4주 동안 한글을 떼지 못한 어머니가 있었다. 누군가에게는 한국어 학습이 인생 첫 학교 공부였다. 누구에게, 어떻게 가르칠지 세심히 챙겼어야 하지만, '누구'를 충분히 고려하지 못했다.

다른 아프간 부모의 한국어도 마찬가지였다. 인천·경기 지역에서 특별기여자를 가르쳤던 한국어교원은 안타까운 현실을 전했다. 부모들은 아이들이 통역해 줘야 선생님의 질문을 이해했다. 일부 2단계 학습자는 받침 없는 쉬운 단어조차 읽지 못했다. 기초부터 다시 시작해야 할 정도였다. 한국에서 살기 위해서는 한국어가 필수다. 병원에서 증상을 설명하고, 은행에서 계좌를 개설하고, 관공서에 서류를 제출하는 모든 일상에서 한국어 능력이 중요하다. 특히 한국어를 모르면 자녀 교육에 참여하기 어렵다. 가정통신문 이해, 학부모 상담, 학교 행사 참여까지 한국어는 필수 도구다. 아프간 특별기여자는 정부의 집중 지원에도 이 정도 실력이다. 다른 이주민의 한국어 현실은 더욱 심각하다.

이제까지 한국은 젊고 건강한 노동력만 원했다. '젊을 때 왔다 가라'가 기본 방침이었다. 지방 소멸이 성큼 다가오자 '와서 살아라!'로 바뀌었다. 그러려면 일자리와 한국어가 기본이다. 결혼이민자와 자녀는 여성가족부가 운영하는 가족센터에서, 이주노동자는 고용노동부 외국인노동자지원센터에서 한국어를 배운다. 외국인 등록을 한

이주민이면 법무부 사회통합프로그램에서 한국어와 한국 문화를 배울 수 있다. 그러나 사회통합프로그램 참여자 수는 7만 명 남짓이고, 가족센터에서 한국어를 배운 외국인 수는 정확한 통계 조사조차 없다. 이주배경 인구가 265만 명이다.

2023년 가을, 정부는 2024년 예산을 세우면서 외국인노동자지원센터(이하 센터) 운영 예산을 전액 삭감했다. 2023년 예산도 고작 71억 원이었다. 고용노동부 소관인 센터는 2004년에 처음 설립됐다. 전국 9개 거점 센터와 35개 소지역 센터에서 외국인노동자를 돕는다. 노동 법률 상담과 한국어 교육, 산업 안전 교육이 주요 업무다. 40만 외국인노동자가 의지하고 도움받던 곳을 없애 버린 셈이다. 한국어 교육은 외국인노동자에게 꼭 필요한 지원 중 하나다. 비자 변경과 연장에 한국어능력시험 성적이 필요한 데다가 사업장에서도 원활한 의사소통이 꼭 필요하기 때문이다.

한국어 교육은 있지만 늘 부족하다. 언어는 정착의 첫 단추다. 그러나 한국어 교육은 여전히 비용이나 시혜로만 다뤄진다. 이주민에게 한국어는 '배워야 할 언어'인 동시에 '배울 권리가 보장돼야 할 언어'다. 이 권리가 공공재로서 보장되지 않는 한, 이주민의 삶은 불안정할 수밖에 없다. 아래 기사에서 '서울'을 '한국'으로 바꿔 읽어도 무방하다.

갈수록 서울을 찾는 이주민과 외국인들은 더 늘어날 것이다. 전 세계에서 찾아오는 이들이 많아질 테니 서울의 다중언어화 역시 다양한 언어권으로

점점 확대되어 갈 것이다. 그런 이들을 위해 서울은 무엇을 준비해야 할까. 그들이 한국 사회 구성원으로서 정착하기 위해 무엇보다 필요한 것은 공통어인 한국어의 습득이다. 그들이 한국 사회의 떳떳한 시민으로서 공동체에 기여할 수 있게 하기 위해서라도 한국어를 쉽고 편리하게 배울 수 있는 시스템을 마련해야 한다. (…) 또한 그런 시스템을 장착할 수 있을 때, 진정한 다중언어 도시로서 다음 단계를 향해 도약해 나갈 수 있을 것이다.[*]

경계인의 언어

드라마 〈미스터 션샤인〉의 주인공 유진 초이(이병헌 분)는 독특한 인물이다. 조선에서 태어났지만, 어린 시절 미국으로 건너가 해병대 장교가 됐다. 영어를 완벽하게 구사하고 조선말도 능숙하지만, 한글은 까막눈이었다. 그는 두 언어를 섞어 쓰며 두 문화 사이를 서성인다. 조선인도 미국인도 아닌 경계인의 삶을 살아간다.

유진 초이의 모습은 우리에게 묻는다. 새로운 언어를 배운다는 것은 무엇을 의미하는가? 기존의 언어를 버리고 새로운 언어로 갈아입는 일일까? 아니면, 이미 가지고 있는 삶 위에 또 하나의 세계를 쌓아 올리는 일일까? 유진 초이에게 영어는 조선어를 대체한 언어가 아니라, 삶의 영역을 넓히고 새로운 정체성을 구성한 또 하나의 세계였다.

---

[*] 로버트 파우저(전 서울대 교수), "다중언어 도시 서울에 필요한 것은…", 〈아시아경제〉, 2024.3.20.

그의 경험은 현대 사회에서 여러 언어를 구사하며 국경을 넘나드는 삶의 모습을 잘 보여 준다.

한국어는 하나가 아니다. 외국어로서의 한국어(Korean as a Foreign Language, KFL)와 제2언어로서의 한국어(Korean as a Second Language, KSL)부터 나뉜다. 한국에서 선주민에게 한국어는 모어(母語)이자 국어(國語)다. 수능에서도 '국어 영역'이다. 한국어, 외국어, 제2언어라는 표현은 여전히 낯설고 어색하다.

반면에 세계 각국에서 한국어는 외국어다. 2024년 6월 기준 1,770만 명. 영어권에서 언어 학습 애플리케이션 듀오링고로 한국어를 배우는 이들의 숫자다. 문화체육관광부 산하 세종학당은 해외에 한국어를 보급한다. 2024년 현재 88개국 256개소가 운영 중이다. 연간 학습자가 20만 명, 누적 학습자가 100만 명을 넘었다. 이렇게 해외 곳곳에서 배우는 한국어가 외국어로서의 한국어다.

한국에 거주하는 이주민에게 한국어는 제2언어로서의 한국어다. 우리는 영어를 외국어로 배웠다. 바로 외국어로서의 영어(English as a Foreign Language, EFL)다. 좀 못해도 괜찮다. 성적에 한숨짓고 가끔 해외여행 할 때 불편한 정도다. 외국에서 한국어를 배우는 외국인들도 그렇다. 한국어가 생활을 위태롭게 하는 일은 없다.

그러나 내가 영국에서 산다면 어떨까? 차원이 달라진다. 영어를 못하면 매 순간이 불편하다. 지하철표를 끊고, 가게에서 물건을 사는 데 스트레스를 받는다. 일상생활은 그래도 낫다. 교통사고가 났는데 경찰이나 보험회사 직원의 질문에 잘못 대답했다가 배상금을 물 수 있다. 응급실에서 의사의 질문에 엉뚱한 대답을 했다가 생명이 위태로울 수 있다. 이때 영어는 단순히 외국어가 아니라 제2언어다. 생존을 위해 배워야 한다.

한국에서 살려면 한국어가 필요하다. 하지만 제2언어 학습이 곧 제1언어 상실은 아니다. 한국어 교육을 늘린다고 해서 그것이 곧 '한국어만 써라'가 돼서는 곤란하다. 제2언어는 제1언어를 대체하는 경향이 있다. '미국에 왔으니 영어를 배워야지. 한국에 왔으니 한국어를 해야지'라고들 한다. 맞는 말 같지만, 태도를 살펴야 한다. 로스앤젤레스 재미교포 사회에서 한국어 반, 영어 반으로 살아도 된다. 상황에 맞춰 한국어로도 영어로도 말할 수 있다. 영어는 내 한국어에 더해지는 언어다. 개인의 삶에서 사용하는 언어가 늘어난다. 이런 관점에서 보면 이주민이 한국에서 다소 어눌한 한국어로 더듬더듬 의사소통해도 괜찮다. 이주민의 언어 목록에 한국어가 더해진다. '추가어'로서의 한국어(Korean as an Additional Language, KAL)다.

관점의 전환이 필요하다. 이주배경 인구가 265만 명, 다인종·다문화 사회에 진입했다. 그러나 우리는 여전히 "이주민은 한국어가 부족하다"라는 식으로 말한다. 조심스럽다. 전제가 일정 수준의 한국어다. 한국어 중심으로 보니 부족한 것이다. 한국어와 이주민의 모어, 선주민과 이주민이 위계를 이룬다. 선주민과 한국어 화자가 중심이고 이주민은 주변화된다. 결핍된 존재, 부족한 대상으로 타자화된다.

이주민은 이미 언어활동을 한다. 가정과 이주민 공동체에서 모어로 의사소통한다. 다만 한국에 살다 보니 한국어가 필요하다. 이주민에게 한국어는 더 나은 삶을 위해 보태지는 언어다. 모어를 대체하기보다 보완한다. 이런 관점을 다중언어주의라고 한다. 무엇보다 존중이 필요하다. 한국어는 모어에 추가되는 언어다.

심리학자 존 W. 베리(John W. Berry)는 이주한 사람들이 자신의 언어와 문화를 유지하면서 주류 사회와 관계를 맺는 '통합(Integration)' 전략을 가장 바람직한 방식으로 제시했다. 언어를 하나로 통일하려는 동화주의를 넘어, 다양한 언어와 문화가 공존하는 상호문화적 접근이 필요하다.

동화주의를 넘어 상호문화로

동화주의를 경계해야 한다. 제2언어로서의 한국어 교육이 충분히 제공돼야 하지만, 그들의 언어와 문화를 한국에 맞추라는 식은 곤란하다. 역지사지가 필요하다. 재미교포가 로스앤젤레스 한인타운에서 김치 담가 먹으며 경상도, 전라도 사투리로, 또는 그 사투리가 섞인 영어로 살아가듯 이주민도 마찬가지다. 몸만 한국에 온 게 아니다. 언어와 문화도 함께 왔다.

이것을 상호문화라고 한다. 자신의 문화도 있고 이주국의 문화도 있다. 우열을 가리거나 양자택일을 강요할 일이 아니다. 서로 다른 언어와 문화가 어우러진다. 가족끼리 모어로 이야기하고 집 밖에서 한국말을 쓴다. 동포를 만나면 자국어로, 한국 사람을 만나면 한국말로 말한다. 아니, 한국 사람과 제3의 언어로 이야기해도 된다. 다인종·다문화 사회에 진입한 이상, 다언어가 마땅하다.

한국어 학습은 단지 새로운 언어를 익히는 데 그치지 않는다. 자신의 삶을 확장하고 세계를 다시 여는 과정이다. 학습자는 이미 다양한 언어와 문화 속에서 세계를 이해해 온 존재다. 단순히 한국어를 가르치는 것이 아니라, 이주민의 언어적 경험과 정체성을 존중하며 한국어를 통해 더 확장하도록 도와야 한다.

그러나 이제까지 한국어를 '배워야 하는 언어'로만 규정하며 다른 언어들을 주변으로 밀어냈다. 한국어가 중심이 되는 순간, 이주민의 언어와 문화는 존중받지 못하고 결핍으로 평가된다. 한국어가 억압적 권력이 아니라 공존을 위한 추가어가 될 때, 언어적 다양성이 살아난다. 한국어를 배우는 과정은 곧 자신의 언어적·문화적 자아를 넓혀 더 풍부한 정체성을 형성해 가는 여정이다. 한국어는 단지 하나의 도구가 아니라, 나의 또 다른 언어이자 세계가 된다.

안산시 선부동 고려인 밀집 지역에 '자이언 국제 상호문화 대안학교'가 있다. 고려인 부모들이 자녀에게 러시아어와 한국어를 모두 가르치기를 원해 2018년 문을 열었다. 오전에는 한국어 교육, 오후에는 러시아어나 영어로 일반 과목을 가르친다. 현재 약 190명이 다니는데, 러시아권에서 교육 경험을 쌓은 교사 20여 명이 학급별로 전담한다. 매점에는 러시아어와 영어 메뉴판이 붙어 있고, 도서관에는 다양한 언어의 책이 꽂혀 있다. 한국어만 강조하는 동화적 공교육과 달리, 이곳에서는 아이들이 한국어를 충분히 배우는 동시에 모어 또한 지키도록 한다. 모어와 한국어, 러시아 문화와 한국 문화가 서로 존중하며 공존한다.

한국어는 '배울 권리가 보장돼야 하는 언어'다. '결핍을 메우는 훈련'이 아니라 존엄을 지켜 주는 권리로 다뤄야 한다. 언어는 삶을 지탱하는 첫 번째 도구이며, 존엄과 참여를 가능하게 하는 기반이기 때문이다.

국내 이주민 교육은 언어를 하나로 통일하는 일이 아니라, 서로 다른 언어와 문화가 공존할 수 있도록 길을 여는 일이 돼야 한다. 한국어가 억압의 언어가 아니라 공존의 언어, 강요가 아니라 선택과 확장의 언어가 될 때, 우리는 비로소 한국어를 통해 또 하나의 세계를 열 수 있다. 한국어 교육이 동화가 아닌 상호문화적 권리로 자리 잡을 때, 이주민의 삶은 더 넓은 세계와 연결되고 한국 사회는 진정한 다중언어 공동체로 한 걸음 나아갈 수 있다.

'한아름반'은 아프간 특별기여자 아이들을 위해 울산에서 마련한 특별반 이름이다. 한국과 아프가니스탄의 첫 글자를 따서 지었다. "미라클"의 완성을 기원한다.

세개의 경계,
하나의 투쟁

4

잘못 분류된 노동자

한국어교원은 취직이 어렵다. 일자리가 적고 경쟁률이 높아서가 아니다. 사용자가 한국어교원을 프리랜서로 잘못 분류하기 때문이다.

취직은 특정 회사나 조직에 소속돼 정규직, 계약직, 아르바이트 등 고용 관계를 맺고 일한다는 뜻이다. 이 경우 사용자와 노동자 사이에 사용·종속적 관계가 성립한다. 반면 프리랜서는 회사나 조직에 정식으로 소속되지 않은 개인사업자다. 고용 관계가 없고, 독립적으로 여러 고객이나 업체와 계약을 맺어 프로젝트 단위로 일한다. 취직 대신 '계약을 따냈다', '프로젝트를 맡았다'라고 표현하는 것이 맞다.

한국어교원은 사용자의 지휘·감독 아래 수업하는 근로자다. 그러나 많은 한국어 교육기관에서 이 엄연한 사실을 은폐한다. 사용자가 자신의 이익을 위해 프리랜서라고 잘못 분류한(misclassification) 것일 뿐이다.

퇴직금을 받은 한국어교원

나는 근로자였지만 퇴직금을 받지 못했다. 이화여대 언어교육원에서 2003년부터 6년간 일했다. 2009년에 서울대로 옮기면서 퇴직금은 생각조차 못 했다. 노동자라는 인식이 없고 노동법에 무지했던 탓이다.

뒤늦게 국민건강보험 사이트에서 확인해 보니 희한했다. 2003년 여름부터 학기 중에는 매주 20시간 이상 수업했지만, 학교는 2008년 1월부터 9월까지만 나를 직장가입자로 올렸다. 재직하는 동안 하는 일은 늘 같았는데 9개월만 근로자 지위였다. 설령 당시에 퇴직금이 있음을 알았더라도 주저했을 것이다. 학교와 다퉈야 하는 불편을 피하려 하고 이직에 불이익이 있을까 두려워했을 터이다. 내 몫을 내가 챙기지 못했으니, 누구를 탓하겠는가.

동료 L은 달랐다. 4년 반을 일하다 2013년 이른 봄에 퇴직했다. 그때 바로 퇴직금을 정산했어야 하지만, 학교는 일언반구가 없었다. 사정이 있었던 L은 2년여가 지난 2014년 11월에 지급을 청구했다.*

학교는 미적거리기만 했다. L은 결국 노동청을 찾아갔다. 4개월이 지난 2015년 3월, 근로감독관까지 나선 뒤에야 학교는 퇴직금 일부를 지급했다. 이전까지 시간강사는 모두가 나처럼 퇴직금 없이 학교를 떠났다. 하지만 L은 불편과 수고를 마다하지 않았다. L은 학교가

* 퇴직금은 퇴직한 날로부터 3년 이내에 청구할 수 있다(《근로자퇴직급여 보장법》 제10조).

잘못 분류해 왔음을 스스로 입증했다. 한국어교원이 근로자라는 사실을 확인해 줬다.

아래는 퇴직금을 받고 나서 L이 보내온 이메일이다. 원문을 살리되 표현을 다듬었다. 이 글을 쓰면서 보니 벌써 10년 전이다.

저는 지난 3월 말에 센터로부터 시간강사 퇴직금을 받았습니다. 이에 대해 선생님들께 말씀드립니다.

① (2014년) 11월 말: 센터에 전화로 퇴직금 요청, 센터에서 알아보고 처리해 주겠다고 함.

② 12월~2월 중순: 여러 차례 연락했으나 계속 알아보는 중이라고 함.

③ 2월 말: 노동청 진정.

④ 3월 중순: 노동청에서 3자 대면(근로감독관, 센터 행정실장) 후 퇴직금 지급 결정.

⑤ 3월 말: 퇴직금 최종 지급.

정리된 내용은 다음과 같습니다.

(1) 주당 15시간 이상 수업한 학기에 대해선 무조건 퇴직금을 지급한다.

(2) 주당 15시간 미만으로 수업한 학기에 대해서는 '법률적 쟁송'의 여지가 있다.

(1)은 당연한 결과지만, 센터는 그동안 한 번도 시간강사에게 퇴직금을

지급하지 않았습니다. 그러나 이제는 시간강사분들도 퇴직하실 때 자연스럽게 퇴직금을 받아 나가는 관행이 성립될 것입니다.

(2)에 대해 최근 판례들은 수업 준비 및 정리 시간 등을 근로시간에 포함해야 한다는 입장입니다. 그러나 이를 위해선 강사들이 민사소송을 해야 합니다. 저는 그럴 여유가 없기에 (1)로써 마무리했습니다. 그 결과 총 근무 기간 4년 6개월 가운데 3년 치 퇴직금을 수령했습니다. (…) 앞으로 (2)도 정리해야 합니다.

현행 기준으로는 수업을 많이 한 학기(15시간 이상)는 퇴직금 산정 기간에 포함되지만, 그렇지 않은 학기는 포함되지 않습니다. (…) (2)가 센터에서 공론화되어 모든 선생님께 혜택이 가는 방향으로 되기를 기원합니다. 저의 경험이 이후 퇴직하실 선생님들께 조금이나마 도움이 되었으면 싶어 메일을 드립니다.

전부 아니면 전무(All or Nothing), 이것이 근로자와 프리랜서의 차이다. 근로자는 고용계약을 통해 정해진 근로시간을 지키며 초과근로수당을 포함한 정기적 급여와 각종 수당을 받는다. 연차휴가와 유급휴가가 보장되고, 4대 보험 가입 및 퇴직금 지급이 의무화돼 있다. 해고 시 정당한 절차와 보상이 필요하다. 반면 프리랜서는 법률적으로 용역 계약에 따라 독립적으로 일하며, 근로 시간에 구속되지 않고 프로젝트 단위로 보수를 받는다. 연차휴가, 유급휴가, 4대 보험, 퇴직금은 적용되지 않는다. 해고는 없고 계약 만료가 있을 뿐이다.

그래서 L이 받아낸 퇴직금이 소중하다. 퇴직금을 줘야만 했던 학교, 받아낸 L, 둘을 중재한 근로감독관까지 모두 동의한 결론은 하나였다. 한국어교원은 근로자다.

근로자성을 판단하는 기준

'사람은 모두 죽는다'라는 말을 들으면 자동으로 '소크라테스도 죽는다'가 따라온다. 이 예시를 언제 어디서 배웠는지는 몰라도 아무튼 익숙하다. 삼단논법의 전형이다. 대전제와 소전제에서 결론이 도출된다. 한국어교원의 근로 조건도 이 삼단논법을 따른다. 취직과 퇴직금은 물론 4대 보험, 주휴수당, 연차수당, 심지어 해고까지 모두가 아래 두 논증에 기반한다.

	논증 1. 한국어교원	논증 2. 사용자(기관)
대전제	근로자는 〈근로기준법〉을 적용받는다. (T)	프리랜서는 〈근로기준법〉을 적용받지 않는다. (T)
소전제	한국어교원은 근로자다. (T/F)	한국어교원은 프리랜서다. (T/F)
결론	한국어교원은 〈근로기준법〉을 적용받는다.	한국어교원은 〈근로기준법〉을 적용받지 않는다.

한국어교원이 보기에 논증 1은 형식과 내용을 모두 충족해 건전하다. 논증에서는 형식적 타당성과 내용적 진리가 중요하다. 형식적 타당성은 논리적 구조가 올바른지, 즉 전제가 참이면 결론도 반드시 참

이 되는지를 따진다. 내용적 진리는 전제가 사실인지를 따진다. 전제가 참이어야 결론도 참이 된다.*

'근로자는 〈근로기준법〉을 적용받는다(대전제)'와 '한국어교원은 근로자다(소전제)'라는 두 전제가 모두 사실이므로, '한국어교원은 〈근로기준법〉을 적용받는다'라는 결론은 타당하다.** 동료 L은 이 논증으로 퇴직금을 받았다. 하지만 사용자는 생각이 다르다. '한국어교원은 근로자다'라는 소전제를 문제 삼는다. 학교는 논증 2로 맞선다. 논리는 단순했다. '한국어교원은 프리랜서다. 근로자가 아니기에 〈근로기준법〉과 무관하다. 당연히 퇴직금도 없다.'

논증만 놓고 보면 틀린 말은 아니었다. 그러나 소전제가 참인지는 별도의 문제다. 소전제의 사실 여부, 즉 한국어교원이 근로자냐 프리랜서냐에 따라 모든 것이 갈린다. 퇴직금 유무를 비롯해 '전부 아니면 전무'가 결정된다. 〈근로기준법〉에 따르면, 근로자는 "직업의 종류와 관계없이 임금을 목적으로 사업이나 사업장에 근로를 제공하는 사람"이다. 대법원은 "실질에 있어 근로자가 사업 또는 사업장에 임금을 목적으로 종속적인 관계에서 사용자에게 근로를 제공했는지 여

---

* 형식적 타당성과 내용적 진리는 구분된다. 가령 '모든 개는 날 수 있다(대전제), 바둑이는 개다(소전제), 바둑이는 날 수 있다(결론)'라는 논증은 형식 논리로는 타당하지만, 내용적으로 결론이 거짓이다. '모든 개는 날 수 있다'라는 대전제가 사실이 아니기 때문이다. 이와 같이 전제가 참이 아니어도 논리적으로 타당할 수 있다.

** '근로자는 〈근로기준법〉의 보호를 받는다'라는 대전제가 문제가 되기도 한다. 초단시간 근로자 역시 근로자로서 〈근로기준법〉을 적용받지만, 일부 조항에서 명시적으로 제외돼 통상근로자에 비해 권리가 제한된다. 다음 글에서 상세히 다루기로 한다.

부"로 판단한다.*

원고의 이 부분 주장은 이유 없다

2018년 9월, 홍익대학교 국제언어교육원 한국어교원들은 3개월짜리 '시간강사위촉계약서'에 서명했다. 주 20시간 강의, 3개월마다 계약 갱신. 주당 16~20시간씩 강의했다. 강의료만 받으면서도 문화체험, 입학식 등 각종 행사를 지도했다. 2년이 지나면 무기계약직으로 전환된다는 희망이 있었다.

계약을 반복하던 2019년 12월, 학교는 근속 기간 2년이 넘은 교원을 무기계약직으로 전환한다고 통보했다. 반면 2년이 되지 않은 교원들과는 2019년 9월부터 1년간 기간제로 근로계약을 체결했다. 그런데 새 계약서에는 '2년 후 무기계약직 전환' 문구가 빠졌다. 대신 "1년 이후 근무평정 결과에 따라 재계약할 수 있고 계약 기간은 최대 2년까지로 한다"가 들어갔다. 선생님들은 반발했지만, 학교는 1년이 지난 2020년 8월 선생님들에게 계약 기간 만료, 정확히는 해고를 통보했다.

이에 선생님 7명이 노동위원회에 부당해고 구제신청을 냈다. 학교는 반발했다. "기간제 전환 직전인 2019년까지 프리랜서 지위에 있었다"라며 "원장과의 면담 등을 통해 1년 뒤에는 갱신이 불가하다는

---

* 대법원 2006. 12. 7. 선고 2004다29736 판결.

점을 안내했다"라고 주장했다. 하지만 노동위원회와 법원 모두 선생님들의 손을 들어 줬다. 판결은 명확했다.

① 한국어교원은 〈근로기준법〉상 근로자에 해당한다.

② 기간제법에 따른 갱신기대권 및 무기계약직 전환기대권이 인정된다.

③ 계약 해지는 부당해고다.

대법원은 2022년 5월 13일에 원심을 확정했다. 판결문 마지막 대목이 가슴을 친다. "임금을 목적으로 종속적인 관계에서 원고에게 근로를 제공한 〈근로기준법〉상 근로자에 해당한다고 인정된다. 원고(학교)의 이 부분 주장은 이유 없다."* 이 한 문장이 한국어교원들의 지위를 되돌려 놓았다.

가짜 3.3% 계약

2024년 8월, 사단법인 직장갑질119와 함께 한국어교원 노동 실태를 조사했다. "임금명세서를 받고 있나요?" 한국어교원 절반은 임금명세서가 없었다.

바뀐 〈근로기준법〉에 따라 2021년부터 임금명세서 교부가 의무화

---

* 1심 판결문 가운데 일부다. 흔히 노동 사건은 3심이 아니라 '5심'이라고 한다. 지방노동위원회(지노위), 중앙노동위원회(중노위), 행정법원, 고등법원, 대법원으로 절차를 밟기 때문이다. 이 사건에서 고등법원과 대법원은 별도의 판결문 대신 행정법원(1심) 판결문을 몇몇 자구만 수정해 인용했다.

됐다. 사용자는 매달 정해진 날짜에 임금을 지급하면서 임금명세서를 함께 줘야 한다. 임금의 구성 항목, 계산 방법, 공제 내역 등이 들어가야 한다. 반면 프리랜서라면 얘기가 달라진다. 임금이 아닌 용역비나 계약금 명목으로 받기 때문이다. 설문에 응답한 499명 가운데 임금명세서를 받고 있다는 응답은 51.7%(258명), 그렇지 않다는 응답이 48.3%(241명)였다. 한국어교원 대다수가 사용·종속적 관계에 있는데도 임금명세서는 절반만 받고 있었다.

근로자인지 아닌지는 소득 구분, 원천징수, 세금 신고에서도 드러난다. 강의로 얻는 수입이라도 고용 관계 여부와 지속성에 따라 소득 종류가 구분된다.

고용 관계가 있으면 근로소득(A)이다. "근로를 제공함으로써 받는 봉급·급료·보수·세비·임금·상여·수당과 이와 유사한 성질의 급여"다. 근로소득간이세액표에 따라 매월 소득세와 지방소득세를 원천징수하고, 1월에 연말정산으로 정리한다.

반면 고용 관계 없이 계속적·반복적으로 강의하면 사업소득(B)이다. "영리를 목적으로 자기의 계산과 책임하에 계속적·반복적으로 행하는 활동을 통해 얻는 소득"이다. 프리랜서는 사업소득자로 간주돼 3.3%(소득세 3%에 지방소득세 0.3%)를 원천징수하고, 이듬해 5월에 종합소득세 신고를 통해 정산한다.

사업소득(B)과 기타소득(C)도 구분된다. 선생님 한 분이 물었다.

"강의료가 생각보다 적게 들어와 물었더니 8.8%를 공제했다고 해

사례		소득 구분	원천징수 (공제)	세금 신고 및 납부
A	학교에 강사로 고용돼 지급받은 급여	근로소득	근로소득 간이세액표	연말정산(1월)
B	고용 관계 없이 독립된 자격으로 계속적·반복적으로 강의를 하고 받은 강사료	사업소득	3.3%	종합소득세 신고 (5월)
C	고용 관계 없이 독립된 자격으로 일시적으로 강의를 하고 지급받은 강사료	기타소득	8.8%	종합소득세 신고 (5월)
D	학교와 학원이 계약을 체결한 뒤 학원이 고용한 강사를 학교에 보내 강의하게 하고 그 대가로 학원이 지급받은 금액	학원의 사업소득	(학원에 고용된 강사는 A에 해당)	

강의 대가의 소득 구분과 세무 처리

요. 이제껏 일했던 기관은 다 3.3%를 공제했는데, 여기는 왜 이러는 걸까요?"

기타소득은 8.8%(소득세 8%에 지방소득세 0.8%)를 공제한다. 이 또한 고용 관계가 없지만, 강연료나 원고료처럼 일시적인 경우다. 가령 강연료가 30만 원이라면 8.8%(2만6,400원)를 공제해 27만3,600원을 받는다.

문제는 은폐된 고용 관계다. 실제로는 한국어교원을 지휘·감독하며 사용함에도 기관은 고용 관계가 없다고 한다. 이른바 '가짜 3.3%'

계약이다. 사용자가 노동자를 사업소득자로 위장해 등록하는 계약이다. 계약서에는 프리랜서로 표기해, 소득에서 3.3%를 원천 징수한다. 그러나 실제로는 근로계약에 해당하는 경우가 많다.

사용자의 의도는 분명하다. 〈근로기준법〉상의 의무와 건강보험, 국민연금 등 4대 보험을 회피하기 위해서다. 한국어교원 대다수가 종속적 관계에서 가르친다. 그런데도 기관은 임금명세서를 주지 않고 3.3%, 8.8%를 공제한다. 가짜 3.3% 계약의 이익은 오직 사용자에게 있다.

그래도 되니까, 한국에서는

대학은 한국어교원을 지휘·감독하면서도 4대 보험 가입을 거부해 왔다. 예컨대 경북대학교 위탁용역계약서에는 이렇게 적혀 있다.

- 한국어교원은 부득이한 사정으로 휴강할 경우 대학에 최소 2주 전 통지한 뒤 대학의 동의를 얻어야 한다.
- 대학의 요청에 따른 청강이나 수업 참관 요청, 특별수업 요청이 있는 경우 성실하게 협조해야 한다.

이는 사용자-노동자 관계를 드러내는 문구다. 그러나 경북대는 국회의원의 자료 요청에 "한국어 교원들은 〈근로기준법〉상 근로자가 아니라고 판단되며, 용역 계약이므로 4대 보험에 가입하지 않았다" 라고 회신했다.* 한경국립대 위촉계약서의 문구는 더 노골적이다. "본 계약은 4대 보험 가입 등의 의무가 없으며, 강사는 신의성실의 원칙에 따라 계약 종료 이후라도 이를 요구하거나 민형사상의 책임을 물을 수 없다"라고 했다.** 창원대도 사정은 비슷했다. 국회 질의에 "우리 대학 한국어교원들은 근로자성에 부합되는 요소들보다는 근로자성이 부정되는 요인들이 오히려 더 많은 상황이므로, 근로자성을 인정하기 어렵다"라고 답변했다.***

모범적이던 국립순천대학교까지 방향을 틀었다. 이제까지 순천대는 한국어교원과 근로계약을 맺고 4대 보험을 적용해 왔다. 그러나 최근 어학당 수업을 업체에 위탁하는 방안을 검토하겠다고 밝혔다. 한국어교원을 직접 고용하지 않겠다는 뜻이다. 앞선 소득 구분에서 D에 해당한다. 한국어교원은 업체에 고용돼 순천대 어학당에서 가르친다. 고용과 사용의 분리다. 위탁이라고 하지만, 실질에서는 업체가 고용한 한국어교원을 순천대가 사용한다. 국공립대학 어학당이 핵심 업무를 당당히 위탁하겠다고 한다.

비슷한 논란은 미국에서도 있었다. 캘리포니아주는 ABC 테스트를 도입했다.**** 이 제도는 근로자와 독립계약자를 구분하기 위한 기

---

* "한국어쌤 '착취'로 지탱하는 한류?…계약서 모두 모아봤더니", 〈경향신문〉, 2023.10.23.
** "계약서에 '4대 보험 요구 마라'…대학 한국어교원 '꼼수 고용'", 〈경향신문〉, 2024.8.8.
*** 위와 같음.
****ABC 테스트는 플랫폼 노동자 등 일부 직군에서 논란을 일으켜 〈Proposition 22〉 등으로 적용이 제한되기도 했지만, 미국 전역의 근로 분류 기준 강화에 영향을 끼쳤다.

준인데, 일단 근로자로 간주하고 시작한다. 사용자가 ABC를 모두 입증하면 그때 독립계약자로 인정한다.

첫째(A), 업무 수행에 사용자의 통제를 받지 않아야 한다. 둘째(B), 사용자의 통상적인 사업과 독립된 업무를 수행해야 한다. 셋째(C), 해당 업무가 고유한 사업이나 독립적인 직업이어야 한다. 둘째(B)에 눈길이 간다. 슈퍼마켓에서 새로 전기선을 깔기 위해 전기 기술자를 불렀다면 독립계약자 조건을 충족한다. 하지만 제과점에서 케이크 장식사(cake decorators)를 정기적으로 불러 맞춤 케이크를 만드는 경우는 독립계약자로 볼 수 없다. 통상적인 사업의 일부이기 때문이다.

잘못된 분류는 한국어교원은 물론 정부에도 해를 끼친다. 선생님들의 정당한 몫은 줄고 정부 부담은 커진다. 사회보험부터 어지러워진다. 근로자인데도 건강보험과 국민연금을 지역가입자로 전액 부담하고, 산재보험과 고용보험은 가입되지 않았다. 국가 사회보험에서는 사용자 부담분을 받지 못했다. 직장가입자 비율이 낮아지고 퇴직금이 적립되지 않으면, 결국 정부의 재정 부담이 가중된다. 또 사고라도 난다면 일차적으로 개인의 불행이지만, 그 개인이 감당하지 못할 때 국가의 건강보험과 사회부조에 부담이 커질 수밖에 없다. 알량한 사업자들이 이익을 챙기는 바람에 나머지 국민의 부담이 커지기 마련이다.

정부가 나서야 한다. 사전에는 잘못된 분류를 막고, 사후에는 그 바람에 잘못 집행된 것들을 바로잡아야 한다. 주휴수당, 연차수당은 물론 세금까지 정확한 소득 구분에 따라 재정산해야 마땅하다. 하지만 정부가 시정에 나섰다는 뉴스는 어디서도 들리지 않는다.

"여기서는 그래도 되니까." 드라마 〈송곳〉에서 노무사 구고신의 대사였다. 〈더 글로리〉의 가해자 연진은 이렇게 변주했다. "난 이래도 아무 일이 없고, 넌 그래도 아무 일이 없으니까. 아무도 널 보호하지 않는다는 소리야, 동은아." 한국어교원은 여전히, '그래도 되니까'에 묶여 있다.

동료 L이 퇴직금을 받고 이메일을 보낸 지 10년이 지났지만, 상황은 달라지지 않았다. 지금도 '취직'은 어렵고 퇴직금은 없다. 4대 보험은 드물고 임금명세서는 없다. 학교는 3.3%를 공제한 뒤 강의료를 지급하고 선생님들은 5월에 종합소득세를 신고한다. 법원이 한국어교원의 근로자성을 수차 확인해 줬지만, 정부는 무관심하고 학교는 달라질 기미가 보이지 않는다. 오히려 법원의 판단 기준을 살펴 근로자성을 부정할 방법을 찾는 데 골몰한다. '근로자는 〈근로기준법〉을 적용받는다'라는 대전제의 빈틈을 파고들어 이중의 안전장치를 고민한다. 근로자로 인정되더라도 퇴직금 등을 비껴갈 방법을 찾는다. 앞에서 L이 언급한 주당 강의 15시간 미만이 그것이다. 초단시간근로자라고 대놓고 주장한다.

5

15시간이라는 마술
지워지는 노동

A 선생님은 황당했다. 초등학교에서 한국어를 가르치는데도 '취업자'로 인정받지 못했기 때문이다. 아이가 어린이집 다닐 나이가 됐다. 어린이집 입소에는 우선순위가 있다. 1순위는 맞벌이 가정. 남편도 일하고 자신도 수업하니 당연히 1순위라고 생각했는데, 뜻밖에도 A 선생님은 '취업' 중이 아니었다. 월 60시간 이상 근로하고 재직증명서를 제출해야 취업으로 인정된다는 규정 때문이다. 고민하던 선생님은 구직 등록을 했고, '맞벌이 예정자' 신분이 돼 순위가 올랐다. 그 덕에 아이는 어린이집에 들어갔지만, 씁쓸했다. 주 15시간 미만으로 수업하는 한국어교원은 취업자로도 인정받지 못한다. 아니, 구직자만도 못하다. 그뿐이 아니다.

없는 게 더 많은 초단시간근로자

근로자는 주당 근로시간에 따라 통상근로자, 단시간근로자, 초단시간근로자로 나뉜다. 통상근로자는 익숙하다. 월화수목금 주 5일, 9시 출근에 6시 퇴근. 점심시간은 12시부터 1시. 이렇게 주당 40시간을 일한다. 월급은 사회보험과 세금을 공제하고 교통비·식대·상여금 등이 붙는다. 연차를 써서 쉬기도 하고, 남으면 수당으로 받기도 한다. 가끔은 동료와 둘러앉아 퇴직연금을 이야기한다. 이를 통상근로자, 또는 표준적 고용 관계라고 한다. 고용노동부에 따르면 "사업장의 고용 형태(계약 기간 등)와 임금체계 등 중요한 근로 조건 대부분이 적용되어 통상적으로 근로할 것이 예정된 정규직 근로자"다. 그러나 한국어교원에게 통상근로자는 남의 나라, 아니 달나라 이야기다.

단시간근로자와 초단시간근로자는 이름 그대로다. "1주 동안의 소정근로시간이 그 사업장에서 같은 종류의 업무에 종사하는 통상근로자의 1주 동안의 소정근로시간에 비해 짧은 근로자"를 단시간근로자라 한다. 통상근로자보다 적게, 초단시간근로자보다는 오래 일한다. 오른쪽 표에서 보듯 처우 면에서 통상근로자와 큰 차이가 없다.

단시간근로자가 상대적 개념이라면, 초단시간근로자는 절대적이다. "4주 동안(4주 미만 근로라면 그 기간)을 평균해 1주 동안의 소정근로시간이 15시간 미만인 근로자"다. 법률에 '초단시간근로자'라는 명칭은 없지만, 〈근로기준법〉에 이렇게 규정해 두었다. 앞서 말한 A 선생

	주당 근로시간에 따른 구분			프리랜서 (3.3%)
	통상근로자 (전일제)	단시간근로자	초단시간근로자	
주당 근로시간	40시간	39~15시간	15시간 미만	해당 없음
유급주휴일 (주휴수당)	○	통상근로자에 비례	×	×
연차유급휴가	○	통상근로자에 비례	×	×
퇴직금 (1년 이상)	○	○	×	×
사회보험	○	○	산재보험, (고용보험)	×
무기계약직 전환 (2년 이상)	○	○	×	×

주당 근로시간에 따른 근로자 유형별 처우 비교

님처럼 월 60시간, 주 15시간 미만으로 일하는 근로자다.

문제는 '초(超)', 이 한 글자에 있다. 초단시간근로자에게는 유급주휴일(주휴수당), 연차유급휴가, 퇴직금 관련 규정이 적용되지 않는다. 사회보험도 산재보험만 해당된다. 고용보험은 계약 기간이 3개월을 넘어야 가입된다. 주 15시간 미만 강의에 10주 단위로 계약하는 어학당에서는 기간이 짧아 제외된다.

초중등학교 한국어교원은 그나마 조금 낫다. 계약서상 시수는 어학당과 마찬가지로 주당 15시간 미만이지만, 계약 기간이 10개월 안팎이라 고용보험까지 가입된다. 그래서 무려 '2대 보험'이다. 하지만 건강보험과 국민연금은 지역가입자로 낸다.*

* 〈국민연금법〉 시행령에 따라 초단시간근로자라 하더라도 한 사업장의 1개월 소득이 220

더 심각한 것은 2년을 넘겨 일해도 무기계약직으로 전환되지 않는다. 초단시간근로자도 근로자지만, 프리랜서와 별반 다르지 않다. 없는 게 더 많다.

초단시간근로자인지를 판단할 때는

	사용자, 초단시간근로자 논증
대전제	주당 15시간 미만으로 근로하면 초단시간근로자다. (T)
소전제	한국어교원은 주당 15시간 미만으로 강의한다. (T)
결론	한국어교원은 초단시간근로자다. (F)

위 논증은 얼핏 타당해 보이지만, 오류다. 학교는 프리랜서 주장이 막히자, 초단시간근로자를 들고나왔다. 학교 부담이 프리랜서만큼 적기 때문이다.

대전제는 참이다. 일주일에 15시간 미만으로 '근로'하면 초단시간근로자가 맞다. 소전제 역시 참이다. 근로계약서에 "주당 15시간 미만 강의"라고 적었고, 실제로 그렇게 수업한다. 두 전제 모두 사실이지만, 결론이 거짓이다. 근로와 강의를 동일시해 강의 시간만을 근로시간으로 계산했다. 강의 준비와 수반 업무, 상담과 관리를 빠뜨렸다.

만 원을 넘으면 국민연금 사업장 가입자가 된다(2022년 7월 1일 기준). 전북 지역 초중등학교 '찾아가는 한국어 교육' 프로그램에서 주당 강의 시간을 14시간보다 더 제한해 220만 원이 넘지 않도록 한 바 있다.

이른바 '은폐된 증거의 오류(suppressed evidence fallacy)'다.

대법원은 대학 강사가 초단시간근로자인지 판단할 때 강의 수반 업무를 고려하라고 강조했다.* 요지는 이렇다.

① 초단시간근로자인지 판단할 때는 강의 시간만 보지 말고, 강의와 수반되는 업무 전체를 고려해야 한다.

② 대학 강의는 특성상 강의 외 준비와 관리 업무에 상당한 시간이 필요하다.

③ 시간강사는 수업뿐 아니라 강의계획서 작성, 교재 준비, 학생 상담, 시험 출제·채점, 학사 행정 업무 등을 수행한다.

④ 따라서 강의 시간만 곧 소정근로시간이라고 볼 수 없으며, 강의와 수반 업무를 합한 시간이 주 15시간 이상인지 따져야 한다.

강의는 근로의 일부다. 12시간을 가르쳤다면 실제로 일한 시간은 그보다 훨씬 길다. 수업에는 수업 준비, 숙제 검사, 시험 출제와 채점, 급별 회의가 필요하다. 또한 계약서에 "한국어교원은 (…) 교육 및 상담, 관리 등의 업무를 담당한다"라고 적었다. 수업은 물론이고 따로 시간을 들여 상담하고 관리한다. 그런데도 학교는 근로시간이 15시간 미만이라고 주장한다. 주된 논거는 형식이다. 계약서 근로시간 항목에 "주당 15시간 미만 강의"라고 적었다고, 근로계약상의 소정근로시간을 존중해야 한다고, 사전에 이를 충분히 인지하고 서명했다고 힘주어 말한다.

* 대법원, 2024. 07. 11. 선고 2023다217312 판결.

하지만 법원은 실질을 봤다. 한국어교원의 강의 수반 업무를 인정하고 그 시간을 근로시간에 포함했다. 대법원은 관련 상고를 심리불속행으로 기각해 이 판단을 최종 확정했다.

주당 수업 시간에 필수적으로 수반되는 업무 처리에 소요되는 시간을 더해 보면 참가인들의 1주 동안의 소정근로시간이 15시간 미만이라고 단정할 수 없다. (…) 필수적으로 수반되는 업무 처리에 필요한 시간은 소정근로시간에 포함하는 것이 타당하고, 참가인들이 초단시간근로자인지 여부를 판단할 때에는 더욱 그러하다.*

반가운 판결이었다. 강의 수반 업무를 인정받았다. 숙제 검사, 작문 피드백, 시험 출제와 채점, 각종 회의와 상담이 근로시간에 포함됐다. 그러나 한편으로는 아쉬움이 남았다. 강의 준비 시간이 빠졌다. 법정에서 객관적으로 증명해 보이기 곤란했던 탓이지 싶은데, 준비가 없으면 강의도 없다.

한국어교원의 채용 절차를 보라. 서류, 시강, 면접의 3단계다. 서류전형을 통과하면 시범강의를 한다. 10분 안팎의 시강을 위해 며칠 동안 교안을 쓰고 자료를 만든다. 그렇게 고민하고 매만져 교실로 들어간다. 대부분의 일이 그렇듯 수업도 준비에 시간이 더 든다. 드러나지 않을 뿐이다. 수업을 준비하는 시간도 근로시간이다.

* 서울고등법원, 2021. 07. 21. 선고 2020누41223 판결.

앙상해지는 한국어 교육

학교는 '개전의 정'을 보이는 대신 '은폐된 증거들'을 지우기 시작했다.

어학당에서는 아침 9시 수업 전에 선생님들끼리 둘러앉는다. 목표 문법을 어떻게 도입하면 학생들이 집중하는지, 유사 표현과 무엇이 다른지, 말하기 활동을 어떻게 진행하면 좋을지 이런저런 이야기가 오간다. 수행평가나 학기 운영에 대한 의견도 나온다. 이른바 암묵지(暗默知)를 공유해 서로 배우며 수업의 질을 높인다.

그러나 연세대 어학당에서 이런 교안 회의 전통이 사라졌다. 이 시간 또한 당연히 업무였다. 선생님들이 임금 지급을 요구하자, 학교는 "자율이었다"라고 발뺌했다. 이내 문자메시지를 비롯해 지휘·감독한 증거가 나왔다. 체불임금을 지급하고는 교안 회의를 폐지했다. 학교는 강의 수반 업무를 없애고, 자율로 돌리고, 이관한다. 그렇게 하나둘 사라져 간다. 학교 같던 어학당이 학원이 돼 간다.

최근까지도 여러 어학당에서 입학식, 수료식, 문화 체험, 말하기 대회를 해 왔지만, 이제 자취를 감추고 있다. 학기마다 하루는 교실 밖으로 나갔다. 도복을 입고 태권도를 배운다. 궁채와 열채를 손에 쥐고 '덩덩쿵덕쿵' 하면서 장구를 쳐 본다. 불고기, 비빔밥, 해물파전을 만들고 판문점을 견학한다. 이런 문화 체험을 없앴다. 시간과 비용이 들기 때문이다. 나가도 선생님 대신 행정실 직원이 인솔한다. 선생님은

업무 구분	강의 수반 업무	학교의 대응	결과
수업 준비	강의계획서(진도표)	제공	교원의 숙련 지연 및 소외 교육의 질 하락 실수업 시간 감소
	강의 준비 및 자료 준비	제공(PPT와 활동지)	
	교안 회의/급별 회의	폐지, 자율 참석, 지침서	
강의			
학사 행정	입학식(개학식), 수료식 등	폐지, 행정실 이관	
	회의(개강, 종강 외) 및 워크숍	폐지, 자율 참석	
문화 행사	문화 체험, 말하기 대회 등	폐지, 행정실 이관	
학생 관리	학생 상담 및 관리	폐지, 자율, 행정실 이관	
평가	수행평가 및 숙제	폐지, 자율, 수업 시간 내	
	출제 회의, 시험 출제 및 검토	프로젝트, 외주화	
	시험 채점 및 성적 처리	간소화, 수업 시간 내	

강의 수반 업무와 학교의 대응

그저 수업만 한다.

각종 회의가 사라졌다. 개강 전에, 중간시험 전후로, 종강 때면 하던 회의를 지침서로 대신한다. 잘 읽고 숙지해 그대로 하면 된다고 한다. 회의나 워크숍을 해도 자율 참석이라고 강조하며 참석자 명단도 작성하지 않는다. '참석을 강제했다, 안 갔더니 불이익을 주더라'라는 말을 원천 차단하려 한다.

상담도 사라졌다. 학기 초나 중간시험 뒤에 학생과 잠시 마주해 공부와 생활을 묻고 듣는다. 때로는 출결과 성적을 확인해 지각·결석하지 말고 학교에 잘 나오라고 당부한다. 미등록 이주노동자가 되지 않도록 다독이며 관리한다. 학교는 교육국제화역량인증제 통과를 위해 학생 관리를 강조했었다.* 이제 근로시간 문제가 불거지자 하지 말라고, 해도 수업 중에 하라고 한다. 행정실에서 하겠다고도 한다.

숙제가 없어졌다. 숙제는 학습자가 수업과 수업 사이에 교실 밖에서 해 보도록 교사가 할당한 과제다. 숙제의 필요성과 교육적 효과에는 논쟁의 여지가 있지만, 이제까지는 숙제를 내고 검사했다. 문법과 표현을 정확하게 이해했는지, 적절하게 사용하는지 확인하기 위해서다. 새로 배운 어휘와 문법으로 대화를 만들고 글을 써 오라고 한다. 수업이 끝나면 숙제 공책, 작문 활동지가 남는다. 확인해 피드백하는 데 시간이 걸린다. 고급반 작문은 두 시간으로도 부족하다. 학교는 숙제를 내 주지 말라고, 꼭 필요한 수행평가는 수업 중에 확인하라고 한다. 한편으로 선생님 재량이라고 한다. 이유는 명확하다. 추가 근로시간을 없애려고, 어학당이 지휘·감독하지 않았다고 말하기 위해서다. 숙제도 교육에 속하지만, 교육보다 비용과 수익이 우선한다.

시험 출제는 특히 시간이 오래 걸린다. 문제의 타당도를 높이려면 끝이 없다. 만들고 고치고 만들고 고친다. 어학당 규모가 크면 그래도 낫다. 여럿이 일을 나눈다. 가령 3급에 학생이 많아 여덟 반이 됐다면

---

* 교육국제화역량인증제(IEQAS)는 2011년 교육부와 법무부가 도입한 제도로, 대학의 외국인 유학생 유치·관리 역량을 평가해 우수 대학을 인증한다. 인증대학에는 정부초청장학생(GKS) 추천권, 비자 발급 절차 간소화 등의 혜택이 주어진다. 첫 번째 꼭지 참고.

선생님이 최소 8명 이상이다. 말하기, 듣기, 읽기, 쓰기 네 영역을 각각 2명이 맡는다. 1명이 문제를 내면 다른 1명이 검토하는데 기말에는 영역과 역할을 바꾼다. 출제 구상표에 따라 초안을 만드는 데도 최소 일주일이다. 검토해서 수정하고 편집까지, 듣기는 녹음까지 하면 또 일주일이 금방이다. 학생이 적다고, 반이 적다고 시험을 안 볼 수는 없다. 저 많은 일을 한두 명 혹은 서너 명이 나누어 맡는다. 경력이 오래돼도 까다롭고 골치가 아프다. 초보 선생님은 출제 구상표를 앞에 놓고 한숨이 절로 난다. 중간시험 내고 돌아섰더니 기말이 코앞이다.

시험 출제를 용역으로 해결한다. 해당 급에 능숙한 선생님이나 대학원 석박사 과정생들에게 (근로계약과 별도로) 출제를 의뢰한다. 말하기, 듣기, 읽기, 쓰기 네 영역 중간·기말시험을 모두 만들어 납품하라고 한다. 프로젝트가 끝나면 선생님의 출제 업무는 이제 없어졌다고, 이 문제로 계속 시험을 보면 된다고 한다. 한편, 과목과 문항이 줄었다. 강의 시간 내에 채점까지 마치기 위해서다. 듣기와 읽기는 객관식이라 채점이 수월하지만, 말하기는 녹음해서 거듭 들으며 채점한다. 쓰기 채점은 난관의 연속이다. 꼼꼼히 들여다보면서 신뢰도 있게 평가하자면 부지하세월이다. 학교는 말하기 시험을 수행평가로 대체하고 쓰기 문제를 줄여 수업 시간 내에 채점하고 처리하라고 한다.

교육이 앙상해진다. 비용은 교육보다 힘이 세다. 많이 세다. 학교는 선생님을 초단시간근로자로 남기기 위해 강의 수반 업무를 지워 간다. 그리고 이런 노하우(!)를 공유한다. 다음은 국립국어원이 주최한

대학 관리자급 대상 교육에서 벌어진 일이다.

'변화하는 교수 환경과 대처 방안'이라는 주제로 강연하기로 한 A 교수는 본래 강의 주제에서 벗어나 '대학 한국어교원을 초단시간근로자로 사용하는 방법' 등에 대해 소개한 것으로 파악됐다.

A 교수는 "시험을 간소화하고 채점은 교실에서 수업 시간 중에 하도록 해라. 그래야 교실(근로 장소) 밖 근로가 없어진다", "'강사실'을 두지 말고, '강사 휴게실'을 둬라. 그래야 법원에서 말하는 고용, 지시 관계에서 벗어난다", "숙제를 내주지 마라. 숙제는 내주면 강의 수반 필수 업무 시간이 늘어난다. 그럼 초단시간근로자가 아니게 되어 일이 복잡해진다. 숙제 등은 자율로 돌려라", "회의 참석을 요구하지 말고 회의 참석 명단도 작성하지 마라. 회의도 강의 외 근로시간으로 잡히니 회의와 행사는 가급적 말로 전달하고 참석은 자율이라고 안내해라" 등 한국어교원을 가짜 프리랜서(개인사업자), 초단시간근로자로 몰기 위한 방법을 제안했다.*

나뉘고 늦어지고 멀어지는

'선취(先取)' 그리고 '구상과 실행의 분리'는 노동 과정에서 인간성과 노동 변화를 설명하는 핵심 개념이다. 카를 마르크스가 말한 선취

---

* "국립국어원 강연서 은밀히 전해진 '한국어교원 쪼개기 고용' 꼼수", 〈쿠키뉴스〉, 2024.10.17.

는 노동의 창조적 성격을 강조한다. 인간은 노동 전에 결과물을 먼저 떠올리고, 그 바탕에서 목적을 의식하며 행동한다. 머리와 손이 하나가 돼 구상하고 실행한다.

그러나 프레더릭 테일러는 이런 장인의 시간이 불편했다. '과학적 관리'라는 이름 아래 노동을 쪼개고, 시간을 나누고, 권한을 빼앗았다. 뒤이어 헨리 포드가 컨베이어벨트를 도입했다. 통제력을 강화하고 생산성을 높여 이윤을 극대화했다. 이제 구상은 자본가나 관리자가 독점하고, 노동자는 단순한 실행자로 전락한다. 작업 설계와 결정권에서 배제돼 창의성과 자율성이 억눌린다. 노동이 노동자에게서 멀어진다.

어학당도 다르지 않다. 교육기관이지만 자본의 전략을 그대로 구현한다. 강의 수반 업무를 다 없앨 수는 없다. 연간 학사 일정을 잡고 강사를 채용해 배정한다. 교재를 선택하고 진도표를 짠다. 활동지를 다듬고 PPT를 제작한다. 시험을 새로 내거나 고친다. 성적을 처리하고 진급과 유급을 결정한다. 이런 일을 행정실 직원이 할 수는 없다. 고용이 안정된 소수의 전임강사가 구상을 담당한다. 한국어교원 내부가 마름과 소작으로 나뉜다.

PPT는 한국어 수업의 컨베이어벨트다. PPT 없는 수업은 상상하기 어렵다. 수업 준비는 PPT와 동의어가 됐다. 목표 문법을 정확히 이해하도록, 적절한 문장을 생성하도록, 대화를 연습하도록, 여러 상황에서 다양하게 발화하도록 각종 PPT 슬라이드를 만든다. 그러나

PPT 역시 시험처럼 몇몇 전임이 만들거나 프로젝트로 진행한다. 학교는 신규 강사에게 PPT를 내주면서 이대로 수업하라고 한다. 표준화된 수업은 안정적이지만, 경직된다. 유연하지도 자유롭지도 새롭지도 않다.

이러한 '제공'은 원숭이 꽃신과 같다. 꽃신 없이 걷기 힘들어진 원숭이는 꽃신을 얻기 위해 오소리 영감에게 종속된다. 강의계획서, PPT, 활동지, 시험 문제를 제공받으면 당장은 편하다. 일은 줄고 시간은 여유가 생긴다. 하지만 숙련이 늦어져 홀로 서지 못한다. 학습자와 교재를 고려해 프로그램 일정과 하루치 수업을 직접 짜 봐야 한다. PPT와 활동지를 만들고 매만지면서 수업의 내밀한 순서를 손에 익혀야 한다. 시험 출제도 해 봐야 한다. 처음 만든 문제는 내보이기가 부끄럽다. 민망함을 무릅쓰고 검토받아 고쳐야 한다. 뚜벅뚜벅 맨발로 걸어야 발바닥에 굳은살이 생긴다. 모든 교사에게 해당하는 이야기다.

한 목수는 말했다. "나무를 직접 구입해서 제품을 만들어 내는 과정에서 오는 성취감이 엄청나다. 도안해서 자르고 붙이고 하나의 작품을 만들어 내는 일은 굉장히 많은 생각을 하게 만든다. 여러 가지를 종합적으로 해야 하는 종합예술이라고 생각한다."* 적은 수입에도 일을 계속하는 이유다. 소박한 대답에 범속한 트임이 담겼다.

선취에서 멀어져 실행만 담당하는 이들은 언제든 대체 가능하다.

---

* 〈학원 안 가고 유튜브로 독학…취미로 시작해야 부담 적어〉, 《월간 산》, 2025년 1월 24일.

지난 20년간 10만 명 가까이 배출된 한국어교원 자격증 소지자는 산업예비군이다. 학교는 교육을 쪼개 한국어교원에게 강의만 남기려 한다. '공개된(!) 증거의 오류'를 제거해 초단시간근로자 논증의 두 전제를 연결한다. 그렇게 해서 거짓에 참의 옷을 입힌다. 교육이 억압되고 교원이 소외된다. 한국어 교육도 한국어교원도 바로 서지 못한다.

프리랜서도 초단시간근로자도 아니지만

시수 제한, 그리고 진도표와 PPT는 기관의 자기모순이다. '한국어교원은 프리랜서'라는 주장과 배치된다. 프리랜서라면 강의 시간을 제한할 필요가 없다. 프리랜서는 프리랜서지 근로자가 아니다. 프리랜서에게는 〈노동관계법〉상의 보호가 적용되지 않는다. 학교는 한국어교원이 근로자임을 이미 안다. 법정에서 질 것이 두려워 계약상으로나마 15시간 미만으로 제한한 것이다. 진도표와 PPT 또한 근로자성의 근거다. 앞에서 본 것처럼, 근로자성을 판단하는 열쇠는 종속적인 관계다. 진도표에 맞춰 공용 PPT로 수업하면 학교가 한국어교원을 지휘·감독하는 것이다. 이 모두가 한국어교원이 근로자임을 새삼 확인해 준다.

한 걸음 더 들어가 보자. 한국어교원이 초단시간근로자라면 기간제 계약을 반복할 이유가 없다. 초단시간근로자는 〈기간제법〉 기간 제한 규정에서 제외된다. 2년을 넘겨 사용해도 무기계약직으로 전환되지 않는다.

학교는 선생님을 자주 교체한다. 이 또한 비용이다. 일정 잡고 공고 내고 서류 검토해서 시강에 면접까지 봐야 한다. 행정력 낭비다. 장기 고용이 여러모로 유익한데도 10주 기간제로 채용한다. 이유는 간단하다.

PPT와 시험 문제를 받더라도 꼼꼼히 들여다봐야 교실에서 목소리에 힘이 붙는다. 당연히 15시간을 넘겨 일한다. 2년이 넘으면 무기계약직으로 전환해야 한다. 이걸 피하려고 학교는 10주로, 2년 미만으로 사용한다.

이제 세 번째 경계, 기간의 정함에 관해 이야기해 보자. 선생님들은 학기마다 계약서를 새로 쓴다.

6

경계와 간극

　기간은 시간과 다르다. 한 어학당 계약서에 이렇게 적혀 있었다. "소정근로시간: 근로시간은 1주 강의 시간 15시간 미만(초단기근로)으로 하며 구체적인 배정 시간은 별도로 정한다." 역시 강의만 근로로 간주했다. 그리고 난데없이 '초단기근로'가 들어갔다. 시간 항목에 느닷없이 기간을 넣은 것이다.

　한국어를 가르치다 보면 어휘와 표현에 민감해진다. 흔히 〈기간제법〉이라고 하지만, 정확한 이름은 〈기간제 및 단시간근로자 보호 등에 관한 법률〉이다. 이름에서 보듯 기간과 시간이 구분된다. 기간에 따라 기간제와 무기계약직으로, 시간에 따라서는 통상근로자, 단시간근로자, 초단시간근로자로 나뉜다. 둘을 섞으면 논의가 뒤엉킨다. 게다가 초단기근로는 법률 어디에도 없는 용어다. 아래 벤다이어그램에서 B가 기간이다. 한국어교원을 불안하게 하는 세 번째 경계다.

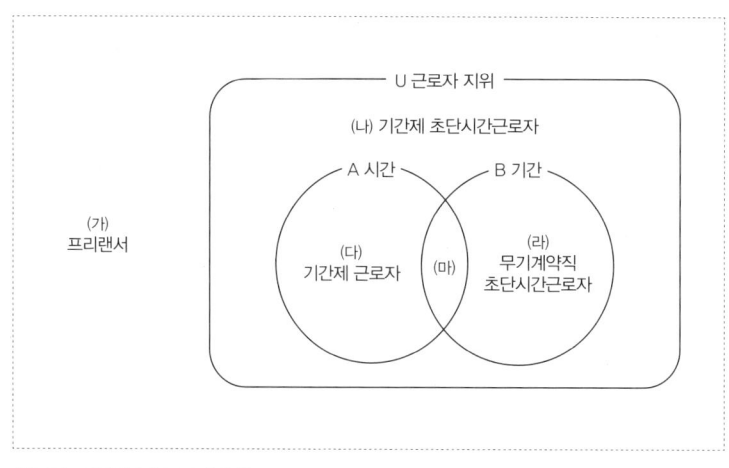

한국어교원 불안정 노동의 유형

불안정 노동의 다섯 유형

한국어교원의 노동은 지위, 시간, 기간을 경계로 갈린다. 세 경계에 다섯 영역이 생긴다.

첫 번째 경계는 지위다. 근로자 지위(U)를 경계로 밖에는 프리랜서(가)가 있다. '전부 아니면 전무'에서 전무를 맡는다. 프리랜서는 근로자로 인정받지 못하니, 법의 보호나 안전망이 없다. 경계 안으로 들어오면 한국어교원은 근로자다. 그러나 이야기는 거기서 끝나지 않는다.

근로자 지위 안쪽에는 시간과 기간이 있다. 시간은 또 하나의 경계다. 집합 A는 주당 15시간 이상 근무를 뜻한다. 이 안에 들어야 단시간근로자와 통상근로자가 된다. 바깥에 있으면 초단시간근로자다.*
한국어교원은 강의 준비, 행정 업무까지 사실상 15시간 넘게 일하지만, 계약서에는 '15시간 미만'이라고 적혀 있다.

세 번째 경계는 기간이다. 집합 B는 계약 기간의 정함이 없는 고용을 뜻한다. 경계 안쪽이면 무기계약직, 바깥쪽이면 기간제다.

한국어교원은 이 다섯 영역에 흩어져 있다. 정리하면 다음과 같다.

(가) 프리랜서: 지위 경계 바깥. 법의 보호 없음.

(나) 기간제 초단시간근로자: 기간이 정해져 있고, 주 15시간 미만. 가장 불안정하다.

(다) 기간제 단시간(또는 통상)근로자: 주 15시간 이상, 하지만 기간이 정해져 있다. 해외 파견 교원이 대표적이다.

(라) 무기계약직 초단시간근로자: 고용은 안정됐지만, 시수가 적어 생계가 막막하다.

(마) 무기계약직 단시간(또는 통상)근로자: 주 15시간 이상, 기간의 정함도 없다. 정규직에 가장 가까운 자리다.

2023년 9월, 국회 토론회서였다. 비수도권 대학 어학당에서 일하는 '희망' 님은 이렇게 말했다.

"선생님들 대부분은 언어학이나 한국어 교육 관련 석사 학위가 있

---

* 본문에서는 (다)를 '기간제 근로자', (마)를 '무기계약직 근로자'로 표기했다. 두 영역은 모두 집합 A 안쪽으로, 주당 15시간 이상 근무하는 단시간 또는 통상근로자에 해당한다. (다)는 기간제 단시간(또는 통상)근로자, (마)는 무기계약직 단시간(또는 통상)근로자가 정확한 표현이다. 초단시간은 자주 명시되지만, 단시간이나 통상근로자는 별도로 구분하지 않는 경우가 많다.

영역	명칭	경계(또는 구분)			불안정 노동 구성
		지위(U) 근로자 지위	시간(A) 주당 15시간	기간(B) 기간의 정함	
(가)	프리랜서	×(밖)	(해당 없음)	(해당 없음)	UAB
(나)	기간제 초단시간근로자	○(안)	미만(밖)	있음(밖)	uAB
(다)	기간제 근로자	○(안)	이상(안)	있음(밖)	uaB
(라)	무기계약직 초단시간근로자	○(안)	미만(밖)	없음(안)	uAb
(마)	무기계약직 근로자	○(안)	이상(안)	없음(안)	uab
U-A-B 모두 불안정		UAB		(가)	매우 불안정
U-A-B 중 둘 불안정		uAB		(나)	불안정
U-A-B 중 하나 불안정		uaB, uAb		(다), (라)	다소 불안정
U-A-B 모두 안정		uab		(마)	불안정하지 않음

한국어교원 불안정 노동의 개념 구성과 정도

고 한국어교원 자격증이 있으며, 15년 이상 근속하신 분도 있습니다. 저와 선생님들은 모두 주당 15시간 미만의 초단시간노동자로서 한 학기인 10주마다 계약을 해 오고 있습니다."

　이 사례는 계약서는 (나)로 쓰지만, 실제로는 노동시간과 기간에서 (마)에 해당한다. 한국어교원의 불안정은 근로자 지위(U), 시간(A), 그리고 기간(B)이라는 세 가지 경계에서 비롯한다.* 앞의 표는 대문자 개수로 각 영역의 불안정성을 나타냈다. 대문자가 많을수록 보

---

* 이승윤 등의 《한국의 불안정 노동자》(후마니타스, 2017)에서 착안해 한국어교원에 맞게 재구성했다.

호받지 못하는 영역이 많아 더 불안정하다.

(가) 프리랜서는 'UAB'로 모든 보호에서 배제된다. 법률적으로는 프리랜서에게 시간과 기간 제한이 무의미하지만, 현실에서는 프리랜서 계약에 주 15시간 미만, 기간제 조건이 덧붙는다. (나) 기간제 초단시간근로자는 'uAB'로 프리랜서만큼 불안정하다. (다)는 'uaB', (라)는 'uAb'로 일부 보호를 받지만, 여전히 불안정하다. (마)는 'uab'로 상대적으로 안정적이다. 한국어교원 대부분은 (마) 영역에 들지 못한 채 (가), (나) 영역에 서 있다.

사용자는 언제나 '밖으로, 더 밖으로'를 외친다. 드라마 〈미생〉의 대사를 빌리면, 경계 안쪽은 전쟁터지만 경계 바깥쪽은 지옥이다. 한국어교원은 밀려나지 않으려고, 안으로 들어가려고 한다. 근로자, 단시간근로자, 무기계약직이라고 맞선다. 물론 필요에 따라 경계 밖을 택하기도 한다. 학업이나 육아 등을 위해 자발적으로 일하는 시간을 줄이기도 한다. 하지만 드문 경우다. 다들 안쪽에 머물길 원하지만 떠밀려 내몰린다. 경계 밖은 선택이 아니라 기본값이 돼 버렸다. 선택이라고 해도 강요된 선택일 뿐이다. 자유의지라는 이름으로 포장된 구조적 강제다. 함민복 시인은 "모든 경계에는 꽃이 핀다"라고 말했지만, 한국어교원의 경계에는 싸움이 벌어진다.

잠깐 퀴즈를 하나 풀어 보자. 퇴직금은 어느 영역에서 받을까? 계약서를 기준으로 다섯 영역 가운데 둘이 받는다. 정확히는 한 영역 전체와 다른 한 영역 일부에서 받는다. 정답은 (마) 전부와 (다) 일부다.

퇴직금 역시 지위, 시간, 기간을 따진다. 근로자가(지위) 주 15시간 이상(시간), 1년을 넘겨 일해야(기간) 받는다. 따라서 프리랜서인 (가)는 퇴직금이 없다. 주 15시간 미만으로 일하는 (나)와 (라) 역시 대상이 아니다. 퇴직금은 집합 A 안쪽, 단시간근로자 또는 통상근로자에게 지급된다. (마)는 15시간 이상 일하는 무기계약직이기에 퇴직금이 나온다. (다) 중에서 계약 기간이 1년 이상이면 퇴직금이 있고, 1년 미만이면 없다. 세 번째 경계인 기간도 중요하다. 1년은 퇴직금 지급, 2년은 무기계약직 전환의 기준이다. 그러나 수많은 계약이 그전에 끝난다. 기간이 짧을수록 삶은 계획을 잃고 표류한다.

<기간제법>의 역설과 갱신기대권

법률은 기간제 사용을 허용했고, 기관은 이를 적극 '활용'한다. 〈기간제 및 단시간근로자 보호 등에 관한 법률〉은 이름에서 보호를 내세웠지만, 실제로는 근로자를 지켜 주지 못한다. 이 법의 핵심은 단순하다. '2년 이내 사용 허용, 2년 초과 시 무기계약직 전환'이다.

제4조는 먼저 "사용자는 2년을 초과하지 아니하는 범위 안에서 (…) 기간제 근로자를 사용할 수 있다"라고 규정하고, 이어 "2년을 초과해 기간제 근로자로 사용하는 경우에는 (…) 기간의 정함이 없는 근로계약을 체결한 근로자로 본다"라고 명시했다. 결국 사용 기간만 제한하고 사유에는 아무 제한이 없다. 기관은 이 틈을 파고든다. 계약

기간을 짧게 끊는다. 보통 10주, 길어야 1년이다. 갱신기대도 허용하지 않는다. 기관은 법률이 허용한 틈을 따라 고용 안정을 철저히 회피한다.

기간의 정함 앞에서 한국어교원은 속수무책이다. 10주, 3개월, 6개월, 10개월을 계약해 기간이 끝났다. "그동안 수고 많으셨습니다. 감사합니다." 이 짧은 통지에 더할 말이 없다. 지위와 시간은 법적으로 맞섰다. 지휘·감독한 사실을 들어 반박했고, 강의 수반 업무를 근거로 대응했다. 하지만 기간은 다퉈 볼 여지가 없다. 법률이 기간제 사용을 허용했고, 사용자는 2년 이내에서 한국어교원을 기간제로 사용했다. 따라서 기간제 사용은 적법하다. 끝.

다만 시간이 쌓이고 계약이 반복되면 권리가 된다. 계속근로기간이 2년이 넘으면 법에 따라 무기계약직으로 간주한다. 또 사용자가 함부로 갱신을 거절하지 못하기도 한다. "근로계약 당사자 사이에 일정한 요건이 충족되면 근로계약이 갱신된다는 신뢰 관계가 형성되어 있"는 경우다. 이 권리를 '갱신기대권'이라 부른다.

오른쪽 표에서 보듯 강원대와 홍익대 선생님이 갱신기대권을 인정받아 복직했다. 강원대 사건에서 법원은 네 가지를 차례대로 확인했다. 시간, 기간, 선생님의 갱신기대권, 그리고 학교의 갱신 거절 사유를 따졌다. 초단시간근로자 여부부터 살폈다. 법원은 강의 수반 업무를 근거로 15시간 미만을 단정할 수 없다고 판단했다. 다음으로 계속근로기간이 2년(730일)을 초과했는지 검토했다. 수업이 없는 방학

	지위	시간	기간	갱신기대권	갱신 거절의 합리적 사유
강원대 부당해고 건	인정 (다투지 않음)	강의 수반 업무	2년 미만 (657일)	있음	없음
홍익대 부당해고 건	프리랜서 주장	수업 16시간 이상	2년 경과 직전 해고	있음	없음
고용 안정 A 〈기간제법〉	근로자	단시간근로자, 통상근로자	2년 초과	필요 없음	필요 없음
고용 안정 B (갱신기대권)	근로자	(초)단시간근로자	2년 이하	있음	없음

한국어교원 갱신기대권 인정 사례와 고용 안정 요건

이 쟁점이었다. 방학이 근로관계를 단절하지는 않지만, 계속근로기간에는 들지 않았다. 방학을 제외하니 657일, 아직 기간제 근로자였다. 세 번째로 갱신기대권. 별도의 전형 없이 여덟 차례 계약을 반복 체결한 점을 들어 인정했다. 마지막으로 학교의 갱신 거절 사유가 합리적이지 않다고 봐 부당해고라고 판결했다.

홍익대 사건에서는 근로자 지위부터 다퉜다. 학교는 프리랜서라고 주장했지만, 법원은 종속적 관계를 인정해 학교 측 주장을 일축했다. 시간과 기간은 다툼이 없었다. 선생님들은 주당 16시간 이상 수업했고 2년이 지나기 직전에 해고됐다. 〈기간제법〉은 무력했지만, 법원이 선생님들의 갱신기대권을 인정했다. 별도의 선발 과정 없이 지속적으로 계약을 갱신한 점이 근거였다. 마지막으로 계약 갱신을 거절한 학교의 사유들이 합리적이지 않다고 봐 부당해고를 판결했다. 강원대는 초단시간근로자 여부가, 홍익대는 근로자 지위가 쟁점이 됐지만, 결국 두 사건 모두 갱신기대권이 열쇠였다.

고용 안정에 이르는 길은 둘이다. 첫 번째 방법(A)은 〈기간제법〉이다. 지위, 시간, 기간을 통과해야 한다. 근로자로 주당 15시간 이상 2년 넘게 일해야 하는데, 기간이 장벽이다. 강원대, 홍익대 선생님 모두 2년을 못 넘었다. 〈기간제법〉은 시간과 기간을 모두 충족해야 하기에 쉽지 않다. 사용자의 실수(?)를 기다려야 한다. 두 번째 방법(B)은 갱신기대권이다. 제도 바깥의 또 다른 통로다. 법률에는 없지만, 법원이 판례로 확립한 비정규직 보호 법리다. 계약을 수차 갱신해 왔다면, 15시간 미만에 2년 이하 근로라 하더라도 고용 안정을 기대할 만하다. 근로자 지위를 바탕으로 갱신기대권이 있어야 하고, 학교의 갱신 거절이 합리적이지 않아야 한다. 시간과 기간이 부족해도 고용이 안정될 수 있다.

갱신기대권은 한국어교원에서 비롯했다. 한국어 교육이 막 피어나던 1990년대 초반, 연세대 어학당 선생님 7명이 부당해고에 맞서 근로자 지위를 확인하는 소송을 냈다. 대법원은 이렇게 판단했다.

연단위계약의 갱신이 관례화됨으로써 별다른 하자가 없는 이상 계속 근무할 수 있다는 기대 관계가 원고들과 피고 사이에 존속되어 왔고 (…) 원고들과의 계약 기간 만료 후 계약 갱신을 거부할 만한 정당한 사유에 대한 입증이 없는 한, 피고가 원고들과의 시간강사 임용계약 갱신을 거절한 것은 정당한 사유 없는 해고와 다름이 없어 무효이다.*

한국어교원의 근로자 지위가 확인되고 갱신기대권 법리가 처음 자리를 잡았다. 그게 30년도 더 전이다.

경계를 지우고 간극을 메우기 위해

'프레카리아트(Precariat)'는 불안정 노동 계층을 뜻한다. 신자유주의와 고용 시장 유연화 속에서 등장했다. 주로 계약직, 임시직, 시간제, 프리랜서 형태로 일하기 때문에 안정적인 고용과 일정한 소득을 보장받기 어렵다. 또한 실업급여, 의료보험, 연금 등 사회적 안전망이 부족해 경제적으로 불안정하다. 고학력자임에도 낮은 임금과 불안정한 노동 환경 탓에 직업적 자부심을 느끼기 어렵다. 특히 턱없이 낮은 사회적 인정 탓에 정체성 혼란과 소외감을 경험한다. 새로운 개념 같지만 낯설지 않다. 불안정한 고용, 낮은 사회적 안전망, 정체성의 혼란과 소외감 모두 한국어교원의 현실이다. 우리가 프레카리아트이고, 불안정 노동은 우리만의 문제가 아니다.

한국어교원들은 줄곧 경계 안으로 들어가기 위해 싸워 왔다. 사용·종속 관계로 근로자임을 입증했고, 강의 수반 업무로 초단시간이 아님을 밝혔다. 이미 경계 안에 있다고, 경계 밖으로 내몰지 말라고 항

* 대법원 1994. 1. 11. 선고 93다17843 판결.

변했다. 주어진 법률과 경계를 수용한 채 맞섰다.

하지만 기간의 장벽은 달랐다. 〈기간제법〉을 받아들이고 나면 돌파구가 없다. 갱신기대권으로 그나마 길이 열리는 듯했지만, 닫히고 있다. 홍익대는 최근 채용 공고에서 세 부분을 굵은 글씨로 강조해 적었다.

- 매 학기 주당 20시간 이상 수업 배정.
- 2025. 3. 1.~2026. 11. 30(7학기).
- 계약 기간 만료 후 재계약 불가.

전형적인 기간제 계약이다. 4대 보험과 퇴직금이 보장되지만, 갱신이 없다. 고용 안정에 이르는 길이 갈수록 험난해진다.

교육이라는 본질적인 업무가 기간에 우선한다. 학교는 선생님들을 최대 2년까지만 사용한다. 사유 제한 없는 〈기간제법〉이 이를 허용했기 때문이다. 고용이 불안하면 제대로 가르칠 수 없다. 교재를 들여다보며 수업을 고민하기보다 채용 공고를 뒤지고 자기소개서를 고친다. 고용이 안정돼야 교육의 질이 올라간다.

그러려면 '상시·지속 업무는 정규직으로 고용한다'라는 기준부터 세워야 한다. 기간제 사용을 제한하고 기존 기간제 근로자를 정규직으로 전환해야 한다. 실제로 홍익대 판결문에서도 한국어 교육은 교육원 운영에 필수적인 상시·지속 업무라고 명시했다. 법률이 기간제 사용을 제한하면 학교는 힘을 잃는다. 원칙이 바로 서야 프리랜서, 초단시간, 기간제가 줄어든다.

길은 대전제에 있다. 지위와 시간 역시 처음부터 다시 살펴야 한다.

- 근로자는 〈근로기준법〉을 적용받는다.
- 프리랜서는 〈근로기준법〉을 적용받지 않는다.
- 15시간 미만으로 근로하면 초단시간근로자다.
- 초단시간근로자는 보호가 적다.

대전제를 의심해야 한다. 우리는 왜 근로자만 보호받는지, 프리랜서는 왜 전무여야 하는지 묻지 않았다. 15시간이라는 경계를 누가 만들었는지, 15시간 미만으로 일하면 왜 보호받지 못하는지 따지지 않았다. 이는 단순한 법률이 아니다. 사용자가 만든 경계다. 경계가 존재하는 한 사용자는 끊임없이 이 구분을 활용하고, 우리는 경계에 시선이 사로잡혀 그 너머를 보지 못한다.

프리랜서로 내몰려 '취직'을 못하는 이들도, 주 15시간 미만으로 수업한다고 '취업'으로 인정받지 못한 선생님도 모두 일하고 있다. 근로자가 아니라고 해서, 노동시간이 짧다고 해서 보호를 덜 받을 이유가 없다. 〈세계인권선언〉은 제23조 제3항에서 모든 노동자의 권리를 천명했다. 그때가 1948년이었다. 경계를 지우고 간극을 메워야 한다.

> 제23조 3. 모든 노동자는 자신과 그 가족이 인간적으로 존엄을 지키고 살

아갈 수 있도록 정당하고 유리한 보수를 받을 권리가 있다. 또한 이러한 보수가 부족할 때에는 필요하다면 여타 사회 보호 수단을 통한 부조를 제공받을 권리가 있다.

쿠키 영상이 있다.
휴일 오후, 거실에서 한참 텔레비전을 보는데 아내가 말한다.
"오빠, 나 물 좀."
목이 마른가 보다. 벌떡 일어나 부엌으로 가다 말고 아주 잠깐 아내를 쳐다봤다. 순간 내 표정에서 무언가 불온한(!) 것이 묻어났나 보다. 이내 말이 이어진다.
"오빠가 부엌에서 가깝잖아."
논증을 구성해 보자. '내가 물을 가져와야 한다'가 결론이고 '내가 부엌에 가깝게 앉아 있다'가 전제(근거)다. 이 전제는 사실이지만, 감추어진 전제가 있다. '물은 부엌에서 가까운 사람이 가져와야 한다'가 그것이다. 동의하기 어렵다. 물은 목마른 사람, 마시고 싶은 사람이 가져다 마셔야 한다. 지금 목이 말라 물이 필요한 사람은….
이런 생각을 바로 지우고 냉큼 물부터 대령한다. 때때로 논리는 등짝 스매시를 부르고 관계를 해치며 우리를 배신한다. 밥과 생존 앞에서 논리는 무기력하고 생활은 늘 쭈글쭈글하다. 생활에서조차 우리는 곧잘 전제를 받아들이며 살아간다. 그러나 일과 권리 앞에서는 달라져야 한다.

"오빠, 우리 초밥 먹을까? 저거 보니까 갑자기 초밥이 당기네."
"어, 그래? 좋지. 근데 무슨 초밥 사다 줄까?"

일터 민주주의를 향해

7

너의 이름은

"태어나면 안 되는 사람들이 태어났으니…."

2024년 5월, K 대학 어학당 행정실장의 발언이다. 임금 등을 논의하는 자리에서 나온 말이었다.

10여 년 전이었다. 서울대학교 언어교육원 한국어교육센터(이하 센터)에서 진행한 노동권 특강에 강사로 온 법학 박사는 '호적'부터 만들라며 노동조합을 권했다. 상황은 달랐지만, 본질은 같았다. 대학에서 어학연수생을 가르치는 한국어교원에게는 이렇다 할 지위가 없다.

학교에서 일하는 사람들을 교직원이라 부른다. 흔히 교직원이라고 하면 행정직원만 떠올리기 쉽지만, 이는 오해다. 교직원은 교직에 종사하는 교원과 사무직원을 아우르는 말이다. 〈고등교육법〉에 따르면 대학 교직원은 교원, 직원, 조교 세 범주로 나뉜다. 교원은 가르치고 지도하고 연구한다. 교수, 조교수, 부교수, 강사가 여기에 속한다. 직원은 행정사무를 담당하고, 조교는 교원과 직원의 일을 돕는다.

그렇다면 어학당 한국어교원의 자리는 어디일까? 교원도 직원도 조교도 아닌 애매한 위치다. 지난 20여 년간 서울대 한국어교원이 겪은 지위 변화를 위촉 주체, 학내 구분, 고용 안정 여부, 명칭과 센터 내 직위를 중심으로 들여다본다. 이 문제는 결코 서울대만의 이야기가 아니다.

시작은 교원, 총장 위촉 시간강사

한국어교원이 하는 일은 한결같다. 외국인에게 한국어를 가르치는 것이다. 〈서울대학교 언어교육원 규정〉은 센터의 역할을 이렇게 규정한다. "재외국민과 외국인의 한국어 교육 및 한국어 교육 교재의 개발과 보급에 관한 사항을 담당한다." 하지만 지위는 귀에 걸면 귀걸이, 코에 걸면 코걸이였다.

다음 표를 보자. 언어교육원 원장과 센터 소장은 서울대 교수가 맡는 보직이다(A). 행정사무는 언어교육원 전체를 관할하는 행정실장(B)과 센터 사무실 팀장(C), 직원(D, E)이 담당한다. 이들은 모두 직위와 업무가 일치한다. 그러나 한국어교원은 달랐다. 처음에는 교원(㉮)이었다가 잠시 연구원(㉯)을 거쳐 원장 발령 직원(㉰)이 됐다. 고용이 안정되고 처우가 다소 개선됐지만, 맞지 않는 옷을 억지로 입어야 했다.

번호	언어교육원 직위 구분	위촉/발령 주체	본부 구분	고용	명칭	시기
A	원장/소장	총장	교원	안정	교수	
㉮	교원	총장	교원	불안정	(시간)강사	~2019년까지
㉯	전임교원	총장	연구원	불안정	연구원	2006~09년
B	행정실장	총장	직원	안정	(법인)직원	
C	사무실 팀장	총장	조교	안정	조교	
㉰	전임교원	언어교육원장	직원	안정	언어교육원 전임교사	2009년부터
㉱	용역강사*	언어교육원장	(용역)	불안정	언어교육원 객원강사	2022년부터
D	사무실 직원	언어교육원장	직원	안정	자체직원(무기계약직)	
E	사무실 직원	언어교육원장	직원	불안정	자체직원(기간제)	

서울대학교 언어교육원의 직위 구분과 한국어교원의 지위 변화

처음에는 교원(㉮)이었다. 20여 년 전, 한일 월드컵으로 떠들썩하던 2002년 무렵으로 돌아가 보자. 당시에는 어학연수생은 물론 한국어교원도 많지 않았다. 교육부 〈2023 교육 통계 분석 자료집〉에 따르면 2003년까지는 어학연수생에 관한 통계조차 없었다. 2004년에야 처음 4,477명으로 집계됐다. 한국어교원이라는 직업 자체가 생소해서 언론에 '이색 직업'으로 소개될 정도였다.

그때 센터 한국어교원은 '총장 위촉 시간강사'였다. 3월과 9월, 해

* 팬데믹 이후 학생이 늘었지만, 센터는 전임강사를 적게 뽑고 객원강사라는 이름의 단기 용역 강사를 새로 활용하기 시작했다. 노동조합에서 막기 어려웠다. 이 글에서는 논외로 했다.

마다 두 차례 기간제 계약을 반복했다. 재직증명서는 발급되지 않았고, 경력증명서만 대학 본부에서 받을 수 있었다. 강의료는 시간당 3만 원 안팎으로 학부 시간강사보다 적었다. 센터 내부에서 선생님들 간에 위계는 있었지만, 학내에서는 모두 강사로 분류된 교원이었다.

전임화와 직원화

한국어 교육이 성장하면서 센터에도 두 차례 큰 변화가 있었다. 첫 번째는 전임화였다. 학생이 꾸준히 늘어 센터가 성장하자 2006년 9월에 직제를 개편했다. 한국어교원의 고용 안정과 이를 통한 발전 도모가 취지였다. 명분은 분명했다.*

언어교육원 규정에 있던 '연구원' 조항을 활용해 교원을 연구원(㉯) 겸 강사로 위촉했다. 계약 기간이 6개월에서 1년으로 늘어나고 4대 보험과 퇴직금이 갖춰졌다. 내부적으로는 전임교원(전임강사, 대우조교수, 대우부교수)으로 발령해 주당 12시간 이상 수업과 관련 업무를 맡겼다. 이 소식은 곧 업계에 퍼졌고, 센터는 선망의 대상이 됐다. 당시 이화여대에서 가르치던 나도 이직을 고민했다. 결혼한 직후라 4대 보험이 간절했기 때문이다.

다음은 무기계약직 전환이었다. 2009년 9월부터 2011년 9월까지

---

* 당시 문건에 이렇게 적었다. "첫째, 한국어교육센터 교원들의 공로를 정식으로 인정받고 안정된 근무 조건에서 근무하도록 한다. 둘째, 전임 인력의 수를 늘림으로써 한국어교육센터의 발전을 도모한다."

2년에 걸쳐 선생님 40명이 근속 기간 등에 따라 무기계약직으로 전환됐다. 고용이 안정됐지만, 신분이 바뀌었다. 총장이 위촉하는 강사이자 연구원에서 언어교육원 원장이 발령하는 '자체직원'이 됐다. 연구원 지위는 없어졌고, 한동안 강사(㉠)와 직원(㉡)을 겸했다. 도서관에 드나들 때나 학내 웹사이트에서 개인정보를 확인할 때면 두 지위가 함께 나왔다. 그러다가 총장 위촉 강사 지위(㉠)가 사라지고 결국 센터 전임교원 지위(㉡)만 남았다.

2013년, 서울대 감사팀은 이런 흐름에 제동을 걸었다. 센터는 전임화와 무기계약직 전환에 앞서 내부 수칙에 근거 규정부터 마련했다. 그런데 자체 규정을 새로 만들고 고치면서 본부 심의를 거치지 않았다. 2012년 9월, 감사팀은 이 미심의 문제부터 파고들었다. 이렇게 절차상 흠결이 있는 규정에 근거해 전임으로, 무기계약직으로 전환한 인사관리는 부적정하다는 것이었다. 총장이 위촉한 시간강사는 무기계약직으로 전환하지 않아도 되는데, 그래서 전환하지 말라고 통보까지 했는데, 왜 멋대로 자체 무기계약직으로 전환했느냐, 잘못됐다, 내부 수칙부터 바로잡고 무기계약직 전환을 시정하라고 했다. 하지만 이미 물결이 흐르기 시작된 뒤였다. 무기계약직을 다시 기간제로 되돌리기란 불가능했고, 현실에서 달리 마땅한 지위도 없었다. 전임화와 직원화는 감사를 넘어섰다.

어학당 한국어교원은 대학 강사가 아니다

2010년대 들어 센터는 '계단 없는 3층 피라미드'가 됐다. 내부 승진 없이 고용 형태가 둘로 갈리고 지위가 셋으로 나뉜 탓이다. 먼저 고용 형태에 따라 1층(㉮)과 2, 3층(㉯)이 갈렸다. 신입 선생님들은 여전히 총장 위촉 강사(㉮)였다. 고용이 불안정하고 시간급으로 임금을 받는 데 시수가 들쑥날쑥했다. 무기계약직으로 전환된 센터 전임교원(㉯)은 시수가 보장된 월급제였다.

그러나 전임교원 내에서도 또 다른 구분이 있었다. 경력이 상대적으로 적은 '전임강사'는 수업과 실무를 담당했다. 한국어교원 1세대라 할 만큼 경력이 오래되거나 박사 학위를 취득한 '대우교수'는 수업과 함께 실무를 지휘·감독했다. 전체 80여 명 가운데 시간강사가 40명, 전임이 30명, 대우교수가 10명가량이었다. 계층이 분화되고 위계가 형성, 강화, 고착됐다.

2018년에 이른바 〈강사법(고등교육법 개정안)〉이 시행되면서 시간강사의 시수 제한이 가시화됐다. 이제껏 주당 20시간 안팎으로 수업해 왔는데, 개정된 〈고등교육법〉 시행령은 주당 6시간 이하(최대 9시간)를 원칙으로 했다. 지위는 시간강사였지만, 다들 2년 이상, 길게는 10년 이상 센터를 함께 키워 왔다. 무기계약직 전환이, 전임 전환이 마땅했다.

2018년 4월, 전체 80여 명 가운데 60명이 노동조합에 가입했다.

2019년 1월부터는 피켓을 들었다. 즉각적이고 일괄적인 무기계약직 전환을 대학에 요구하면서 교육부와 고용노동부에 지위를 물었다. "〈기간제법〉에서는 2년 이상 고용하면 무기계약직으로 간주한다. 그렇다면 한국어교원이 무기계약 전환 대상에서 제외되는 〈고등교육법〉상의 강사인가?" 두 부처 모두 한국어교원은 대학 교원이 아니라고 답했다.

담당 업무에 있어 학부(대학원)의 교육과정을 담당하지 않고 언어교육원 자체 프로그램의 강의를 담당하고 있는바, 해당 강사는 〈고등교육법〉에서 규정하고 있는 강사에 해당하지 않을 것으로 사료됩니다.[*]

서울대학교 언어교육원의 시간강사는 담당 업무에 있어 학부(대학원)의 교육과정을 담당하지 않고 언어교육원 자체 프로그램의 강의를 담당하고 있으므로, 해당 강사는 〈고등교육법〉에서 규정하고 있는 강사에 해당하지 않는다고 판단하고 있음을 알려 드립니다.[**]

합당한 지위를 요구합니다

신분 보장, 고용 안정, 그리고 처우 개선. 이것은 한국어교원이 온

---

[*] 교육부 질의회시(2019년 2월 1일).
[**] 고용노동부 질의회시(2019년 2월 22일).

전히 자리 잡기 위해 필요한 세 기둥이다. 셋 다 갖춰져야 발이 셋인 솥처럼 안정된다.

　서울대에서는 2019년의 투쟁을 통해 고용이 안정되고 처우가 다소 개선됐다. 2019년 6월 고용안정협약에, 2020년 3월 무기계약직 근로계약서에 서명했다. 시간강사가 사라지고 모두 전임이 됐다. 근로조건은 내부 수칙을 고쳐 가며 개선 중이다. 여전히 부족하지만, 노동조합이 없던 때와 비교하면 그래도 나아졌다. 하지만 신분 문제는 여전히 풀리지 않았다. 센터에서는 나름 전임교원이라고 하지만, 본부가 보기에는 직원, 그것도 자체직원일 뿐이다. 이런 모순은 정부 부처 간 엇갈림, 관련 법률의 미비, 그리고 대학의 편의적 구분 때문이다.

　자격증과 일터가 엇갈린다. 한국어교원 자격증은 2005년에 제정된 〈국어기본법〉과 함께 생겨났다. 당시만 해도 이주민이 70만 명 내외로 지금처럼 많지 않았다. 한국어교원은 "재외동포나 외국인을 대상으로 국어를 가르친"다. 이런 자격을 〈국어기본법〉 주무 부처인 문화체육관광부에서 부여한다. 명칭도 초중등학교의 '교사'나 대학의 '교수'가 아니라 '교원'이다.* 한국어 교육을 국내보다 해외, 교육보다 문화 측면에서 접근한 것이다. 여기서부터 한국어교원이 기존 교육제도에 편입되지 못하는 문제가 비롯됐다. 교육부가 관할하는 각급

---

* 〈초·중등교육법〉에서는 교장, 교감, 수석교사 및 교사 등을 묶어 교원이라 하고, 〈고등교육법〉에서도 교수, 조교수, 부교수, 강사를 묶어 교원이라고 한다. 이렇듯 교원은 각급 학교에서 가르치는 사람이며 일종의 집합명사다. 한국어'교원'이라는 명칭은 애초부터 초중등 '교사'와 구별하기 위해 붙였다.

학교와는 처음부터 연결고리가 약할 수밖에 없었다.

자격증만 있었고, 법적·사회적 지위가 없다. 다른 전문직과 비교하면 차이가 명확하다. 각급 학교의 교원과 같은 교육공무원 지위가 없고 의료인과 같은 전문직 지위가 없다. 사회복지사처럼 지위 향상을 위한 별도 법률도 없다. 심지어 한국어교원이라는 명칭은 〈국어기본법〉 본문이 아니라 시행령에, 그것도 괄호 안에 나온다. 그 결과 실제로는 교육자로 일하면서 법적으로는 그 어떤 지위도 인정받지 못하는 처지다.

어학당의 위치도 애매하다. 대학이 필요해서 어학당을 만들었고, 그래서 대학에 속하지만, 실제로는 대학 밖 존재로 취급된다. 외국인 어학연수생은 대학이 운영하는 한국어 프로그램을 듣지만, 대학 학생으로는 인정되지 않는다. 예를 들어, 정부가 운영하는 '천 원의 아침밥' 사업에서 재학생은 1,000원만 내고 아침을 먹을 수 있지만, 어학연수생은 대상에서 제외된다. 강원대에서는 어학연수생의 도서관 출입을 막기도 했다. 시험 기간에 좌석이 부족하다는 이유에서였다. 한국어교원의 지위 문제도 이와 같다.

무기계약직으로 전환해 잠시 안도했지만, 질문은 여전히 남는다. 한국어교원은 연구실에서 준비하고 강의실에서 가르친다. 다시 돌아와 교재를 들여다보고 부교재를 개발한다. 그런데 직원이라고만 한다. 아래는 2019년 투쟁 당시 발언문 중 일부다.

저는 2010년부터 이곳 서울대에서 외국인들에게 한국어를 가르쳐 왔습니다. 지난 10년간 학교는 저를 시간강사라고 했습니다. 노동자가 아닌 시간강사였기에 갖은 부당함을 겪었습니다. 아플 때면 병가는커녕 대강료를 주며 대강을 부탁해야 했습니다. 집안에 경조사가 생겨도 대강할 사람이 있는지부터 걱정했습니다. 강의 외로 업무를 하더라도 수당은 없었습니다. 명절에는 언제나 빈손이었고 연말 상여금은 남의 이야기였습니다. 단순히 계약직 시간강사라는 이유로 어떤 법적 근거도 없이 임용 기간을 55세로 정해놓아 작년에 55세 생일을 맞은 소중한 제 동료가 언어교육원을 떠나야 했습니다. (…)

이런 저를 학생들은 '한국어 선생님'이라고 부릅니다. 그렇습니다. 저는 한국어 선생님입니다. 사실 이 발언문을 준비하는데 저를 어떻게 소개할지부터 고민이었습니다. 학교에서는 계약직 시간강사라고 했으니 시간강사라고 할까, 고용노동부와 교육부에서 인정한 노동자이니 계약직 노동자라고 할까, 외국인들에게 한국어를 가르치니 한국어교원이라고 할까. 제가 왜 이런 고민을 해야 했을까요?

이제까지 학교는 저희에게 직무에 맞는 직위를 부여하지 않았습니다. 지금 언어교육원에서 한국어를 가르치는 선생님들의 신분은 한국어교원이 아닙니다. 반은 시간강사이고 반은 자체직원입니다.

학교 이메일 계정으로 구글 클래스룸을 열어 수업하던 때였다. 학생이 물었다.

"선생님, 자체직원이 뭐예요?"

계정 옆에는 이렇게 적혀 있었다.

"○○○/자체직원/한국어교육센터."

선생님은 대답하지 못했다. 싸움은 아직 끝나지 않았다.

8

바꿔야 할 것을
바꾸는 용기

노동조합 활동의 꽃은 단체협약이다. 2019년에 우리는 고용 안정, 지위 확립, 처우 개선을 요구하며 학교와 맞섰다. 1월부터 139일간 피켓을 들고 싸운 끝에 6월에 고용안정협약에 서명했다. 그러나 가을부터 새로운 싸움이 시작됐다. 이번에는 지위와 근로조건을 놓고 싸웠다.

학교는 우리에게 자체직원 신분과 처우를 강요했다. 하지만 교육과 연구가 우리 일의 본령이다. 지금까지 총장 위촉 시간강사였고, 한때는 연구원이었다. 우리는 직원화를 거부했고, 학교는 자체직원 전환을 고수했다. 협상은 교착에 빠졌다.

그때 우리는 단체협약에 주목했다. 만약 한국어교원 이름으로 단체협약을 맺는다면 학내에서나마 독자적인 지위를 인정받을 수 있을 것이다. 처우 또한 우리에 맞게 만들 수 있으리라고 생각했다. 그런데 단체협약이 '꽃'인 데에는 다 이유가 있었다. 그만큼 쉽지 않았다.

교과서에서 노동삼권을 배웠다. 〈헌법〉이 노동자의 단결권, 단체교섭권, 단체행동권을 보장한다. 단결권은 노동자가 단체를 만들고 가입할 권리, 단체교섭권은 사용자와 근로조건 등을 협상할 권리, 단체행동권은 파업 등 집단행동을 할 수 있는 권리다.

이 세 권리는 하나의 사슬처럼 연결된다. 단결권이 있어야 단체교섭이 가능하고, 교섭이 결렬되면 행동으로 나설 수 있다. 이를 통해 노동자는 공정한 근로조건과 경제적 권리를 확보한다. 교과서 속 설명은 명쾌했다. 다 맞는 말이고 좋은 말이었다. 하지만 현실은 달랐다. 우리는 단체협약을 꿈꿨지만, 교섭장은 근처에도 가 보지 못했다. 교섭권이 없었기 때문이다.

절반의 성공

이문열의 소설 《우리들의 일그러진 영웅》은 1960년을 전후해 어느 시골 '국민학교'가 배경이다. 담임선생님, 엄석대, 그리고 한병태(나)가 이야기를 이끈다. 한병태는 서울에서 시골로 전학 왔다. 그곳에서는 반장 엄석대가 절대 권력을 휘두른다. 엄석대는 폭력과 협박으로 반 친구들을 지배하고 담임마저 그를 묵인한다. 한병태는 이에 맞서려 하지만, 결국 굴복하고 만다. 시간이 흘러 담임이 바뀌면서 엄석대의 부당한 행태가 드러난다. 그는 친구들의 외면 속에 권력을 잃는다.

 이 작품의 인물과 구도를 빌려 복수노조와 교섭 창구 단일화를 들여다보자. 학급은 회사(또는 사업장), 담임은 사장(사용자), 엄석대는 수가 많고 오래된 제1노조, 한병태는 한국어교원이 모인 신생 제2노조다. 과연 한병태는 엄석대를 제치고 담임과 만날 수 있을까?

 48년 동안 불가능했다. 1963년 박정희 정권은 〈노동조합법〉을 고쳐 복수노조를 금지했다. "기존 노동조합과 조직 대상을 같이하거나 그 노동조합의 정상적인 운영을 방해하는 것을 목적으로 하는 경우" 노조 설립이 아예 허용되지 않았다. 회사가 허수아비 노조라도 만들어 두면 달리 방법이 없었다. 제1노조와 경쟁하는 새로운 제2노조는 사실상 불가능했다. 1997년 〈노동조합 및 노동관계조정법〉 제정으로 복수노조가 허용됐다. "근로자는 자유로이 노동조합을 조직하거나 이에 가입할 수 있다"라고 명시했다. 하지만 정부는 세 차례나 시행을 미뤘고, 2011년에야 전면 허용됐다. 드디어 한병태가 교실 안에 등장한 순간이었다.

 그런데 동시에 교섭 창구 단일화 제도가 생겨났다. 담임은 복수노조가 달갑지 않았다. 이제까지는 엄석대하고만 만나면 됐는데 앞으로는 한병태도 봐야 한다. 고민하던 담임이 묘수를 찾아냈다.

 "너희 단결권을 위해 둘, 셋도 가능하다고 했지만, 난 한 명만 만날 거야. 그러니까 너희끼리 알아서 한 명을 정해."

 노조가 여럿이어도 교섭은 하나라고 못을 박았다. 복수노조 허용으로 자유로운 단결권이 보장됐지만, 1사 1교섭이 원칙이다. "복수노조 허용에 따른 중복 교섭 등 교섭 질서의 혼란, 근로조건의 통일성 훼손과 노동조합 간 과도한 세력 다툼 및 분열"을 막기 위해 교섭 창구 단일화 제도가 함께 도입된 것이다. 한병태가 담임을 만나려면 엄석대와 단일화부터 해야 한다. 단일화라는 허들 너머에서 싱긋, 담임이 미소 짓는다.

관건은 조합원 수다. 교섭 창구 단일화 방법은 법으로 정해져 있다. 노조 간 자율 합의, 조합원 과반수, 공동교섭대표단 구성이라는 세 단계를 두었다. 하지만 현장에서는 대개 전체 조합원의 과반수로 결정된다. 예를 들어, 반 학생 70명 중 50명이 조합에 가입했다고 하자. 엄석대 쪽이 30명, 한병태 쪽이 20명이다. 조합원의 60%를 확보한 엄석대가 대표로 담임을 만나고, 한병태는 구경조차 하지 못한다.* 이렇게 담임과 만나는 엄석대를 교섭대표노동조합, 줄여서 교대노조라고 한다. 담임은 오직 교대노조하고만 교섭한다.

노동계에서 이 제도를 독소 조항이라 부르며 폐지를 부르짖는 이유다. 제도적으로는 교대노조에 공정대표의무 등이 부과되지만, 현실에서 소수 노조는 뒷전이다. 단결은 해도 교섭은 못 한다.

---

* 조합원의 과반을 차지한 노조가 없으면 공동교섭대표단을 꾸린다. 하지만 제3노조가 드문 현실에서는 대개 과반 노조가 나온다.

개별교섭과 교섭 단위 분리

"4딸라!"

드라마 〈야인시대〉에서 김두한(김영철 분)은 미군 군수기지사령관과 임금 협상에 나선다. 당시 일급이 1달러였다. 교섭에 나선 최고위원 김두한은 시종일관 "4딸라"만 외친다. 사령관이 2달러, 2.5달러, 3달러를 제시해도 대답은 변함없이 "4딸라"뿐이다. 결국 사령관은 4달러에 합의했고, 그제야 김두한이 말한다.

"오케이, 땡큐, 오케이, 4딸라."

어떻게 한 단결인데 "4딸라"를 외쳐 보기는커녕 사용자 얼굴조차 보지 못하다니. 속 터지는 한병태에게 방법이 아예 없는 것은 아니다. 1사 1교섭에도 예외가 있다. 개별교섭과 교섭 단위 분리다.

개별교섭은 이름 그대로다. 담임(사용자)이 엄석대(제1노조)는 엄석대대로 만나고 이와 별개로 한병태(제2노조)를 만나 주는 경우다. 한병태가 요구하고 담임이 동의하면 성립한다.

그것을 연세대 선생님들이 해냈다. 2019년 6월에 설립된 연세대 한국어학당 지부는 한국어교원을 대상으로 하는 개별교섭을 요구했고, 총장이 수용했다. 물론 당시 총장의 동의가 선의는 아니었다. 교수나 직원의 월등한 처우를 선생님들에게 그대로 적용해 주고 싶지 않았기 때문이었다. 한국어교원을 교직원과 구분해 따로 묶어 두려는 방편이었다. 어쨌거나 연세대 지부는 2024년까지 단체협약을 세 차례, 임금 협약을 여섯 차례 체결해 교섭 관행을 형성했다. 한국어교원이 맺은 최초이자 지금까지 유일한 단체협약이다.*

두 번째는 교감(노동위원회)이 담임에게 한병태와 따로 만나라고 지시하는 경우다. 엄석대에게 밀린 한병태가 교감 선생님을 찾아가 하소연한다.

"우리는 전학생입니다. 엄석대 무리와는 처지가 다릅니다. 협의할 것도 다릅니다. 그런데 엄석대는 전학생의 처우 개선에 관심이 없고, 담임은 우리를 만나 주지도 않습니다. 우리 처우는 담임과 직접 만나 협의하지 않으면 안 됩니다."

이런 호소에 교감이 고개를 끄덕이면 담임은 어쩔 도리가 없다. 따로 만나야 한다. 이를 교섭 단위 분리라 하고 결정 권한은 교감에게 있다.** 실제로 생산직과 사무직, 정규직과 비정규직 간에 교섭 단위가 분리된 사례가 적지 않다. 2018년 노동위원회는 변호사노동조합의 교섭 단위 분리 신청을 인용했다. 변호사와 일반직 사이에는 임금과 정년 등에서 현격한 차이가 있고, 기존 노동조합이 변호사들의 이해를 대변하기 어렵다는 이유였다.*** 우리는 고무됐고, 신청을 준비했다.

---

* 2024년 8월에 건국대학교에 한국어교원지부가 설립됐고, 같은 해 11월 학교는 지부와 개별교섭에 합의했다. 연세대 이후 두 번째 사례다.
** 비유가 엄밀하지는 않다. 담임과 교감은 한 조직에 속하지만, 사용자와 노동위원회는 별개 기관이다. 다만 노동위원회가 사용자에게 일정한 강제력을 행사할 수 있다는 점에서 교감에 비유했다.
*** "국내 첫 변호사노조, 중노위 재심 끝 '교섭 단위 분리'", 〈법률신문〉, 2018.7.24.

차이와 '현격하다' 사이

교섭 단위 분리 여부는 세 가지 기준을 중심으로 판단한다. 근로조건과 고용 형태의 현격한 차이, 그리고 교섭 관행 등이다.

학내에서 한국어교원은 담당 업무, 채용 절차, 휴일, 임금, 수당 등 거의 모든 면에서 직원과 분명히 달랐다. 게다가 2019년에만 소장, 원장, 본부 교무처장 등과 20차례 넘게 만났고, 6월에는 고용안정협약을 체결했다. 그래서 우리는 교섭 단위 분리를 신청했다. 다음은 신청 당시 제출한 비교표를 정리한 것이다.

신청은 "현격한"에서 막혔다. 서울대 직원은 법인직원과 자체직원으로 나뉜다. 법인직원은 소위 정규직으로, 정관에 정원이 명시되고 사학연금에 가입한다. 자체직원은 이름 그대로 학내 기관에서 직접 채용한 직원으로, 법인직원과 달리 사학연금에 가입하지 못한다. 우리는 자체직원뿐 아니라 법인직원까지 비교표에 담았다. 법인직원과 자체직원 간에 교섭 단위가 분리된 전례를 살리고 싶었다.[*]

직원 내부에서도 처우가 달라 교섭 단위가 분리됐다면, 처우는 물론 업무까지 판이한 한국어교원은 별도 교섭이 마땅하다. 이것이 우리 주장이었다. 반면 학교는 우리가 자체직원에 해당한다고 주장하면서 별도 교섭 단위를 구성할 필요가 없다고 반박했다. 결국 신청은

---

[*] 2017년 9월, 전국대학노동조합은 서울지방노동위원에 서울대학교 자체직원에 대한 교섭 단위 분리를 신청했다. 2019년 7월, 서울고등법원은 교섭 단위 분리 결정을 확정했다(2018누67604).

구분		직원		한국어교원
		법인직원	자체직원	
담당 업무		학교의 행정사무와 그 밖의 사무	학교의 행정사무와 그 밖의 사무	한국어 교육 및 교재 개발
채용	지원 자격	직급과 직렬에 따라 상이	없음	한국어교원 자격증
	학력 및 경력	제한 없음 (일부 우대 조건)	학사 제한 없음	석사 이상 최소 1년 이상
	절차	서류 필기(인적성) 면접(1차, 2차)	서류 면접	서류(연구실적물 포함) 시범강의(연구 발표) 면접
고용 형태		정규직	무기계약직	무기계약직(전임교원) 기간제 계약직(시간강사)
직급		1급~8급	없음	시간강사/전임교원
승진		있음	없음	없음
근무 장소		사무실	사무실, 시설관리실	강의실, 연구실
근무 시간		9시~18시 주 40시간, 연 52주	9시~18시 주 40시간, 연 52주	재량 출퇴근 주 32시간(강의 12시간 포함) 연간 40주(12주는 방학)
휴일 및 휴가		〈근로기준법〉 및 단체협약	〈근로기준법〉 및 단체협약	〈근로기준법〉 미적용 (주휴 및 연차휴가 없음)
임금체계 및 수당	임금체계	1급~3급: 연봉제 4급~8급: 호봉제	기관별 상이 연봉제/호봉제 병존	전임교원: 연봉제 시간강사: 시간급
	정근수당	O	×	×
	가족수당	O	×	×
	정액급식비	O	O	전임교원만(19년 3월부터) 시간강사 해당 없음
	명절휴가비	O	O	전임교원만, 시간강사 해당 없음
	연구수당	×	×	O(대우교수만)
	교재개발비	×	×	O
	문화체험인솔비	×	×	O
	채점비	×	×	O(추가 시험의 경우)

서울대학교 법인직원·자체직원과 한국어교원 간 근로조건 및 고용 형태 비교

기각됐다. 차이가 있으나 '현격하지 않다'는 판단이었다. 서울지방노동위원회는 결정서에 이렇게 적었다. "한국어교원과 자체직원 사이에 임금체계, 기본급 및 수당의 내용, 성과 상여금, 맞춤형 복지비 등에서 일부 차이가 있다. (…) 그 내용이 현격한 차이가 있는 것으로 보기는 어렵다."*

받아들일 수 없었다. 얼마나 차이가 나야 '현격한'지 도무지 납득할 수 없었다. 중앙노동위원회로 갔다.** 학교는 교섭 부담을 들이밀었다. 법인직원, 조교, 자체직원에 시설관리까지 이미 교섭 단위가 많다. 여러 직종과 교섭하느라 부담이 크다. 한국어교원까지 더해지면 부담만 가중되고 근로조건의 통일성도 깨진다고 주장했다. 그래서였을까, 중노위도 같은 말을 되풀이했다. '차이는 있다. 그러나 현격하지 않다.'

언어교육원 내 한국어교원은 한국어교원 자격을 요건으로 하는 등 채용 분야에 따라 채용 조건의 차이가 존재하나 (…) 채용 방법에 있어서 현격한 차이가 있다고 보기 어렵다. (…) 자체직원과 한국어교원인 계약직 근로자의 무기계약 전환 절차에 일부 차이가 있으나, 자체직원에서 한국어교원의 교섭 단위를 분리할 정도로 고용 형태에서 큰 차이가 있다고 보기 어렵다.***

* 서울지방노동위원회 결정서(서울2019단위37), 2019년 12월 26일.
** 노동 사건은 흔히 '5심제'라 불린다. 지방노동위원회(지노위), 중앙노동위원회(중노위), 행정1심, 고등법원, 대법원까지 다섯 단계를 거친다. 이 글에서는 노동위원회를 교감에, 법원을 교장에 비유했다. 교감에게 두 번, 교장에게 세 번 물을 수 있다는 뜻이다.
*** 중앙노동위원회 재심결정서(중앙2020단위1), 2020년 2월 27일.

다시 기각됐고, 여전히 수긍할 수 없었다. 교감이 아니라 교장(법원)에게 따져 물을 수 있었지만, 멈췄다. 두 차례 기각돼 상황이 불리했다. 무리해서 법원으로 갔다가 안 좋은 판결문이 한국어교원 전체에 족쇄가 될까 우려스러웠다. 상황이 바뀌면 다시 시도할 계획이기도 했다. 곧이어 팬데믹이 몰아쳤고, 우리는 지금까지도 자체직원으로 남아 있다.

지위에 발목 잡힌 한국어 교육 노동자

직원 신분은 연구, 업무, 수업에 걸림돌이 된다.

2024년 여름에 교재 개발이 중단됐다. 센터는 단기 과정용 새 교재 개발을 추진했다. 선생님들에게 공지하고 지원을 받았다. 급별로 연구팀장과 집필진을 선임해서 한 달 남짓 기초 작업을 진행했다. 그런데 돌연 제동이 걸렸다. 이유는 두 가지였다.

첫째, 언어교육원은 수입대체기관이다. 본부(대학) 회계와는 별개로 기관 자체 수입으로 운영되는 언어교육원에서는 예산에 연구비를 책정할 수 없다. 둘째, 한국어교원은 자체직원이다. 교원도 연구원도 아닌 직원에게 연구비 항목으로 예산을 집행할 수 없다.

우리는 반발했다. 한국어 교육과 교재 개발은 서울대 규정에 따른 센터의 소임이고, 이를 수행하는 주체가 바로 한국어교원임을 주장했다. 우여곡절 끝에 교재 개발이 다시 진행됐지만, 불안정하다.

신규 프로그램 팀장 수당도 그랬다. 학부와 대학원의 외국인 유학생에게 한국어를 가르치는 프로그램이 새로 만들어졌다. 말 그대로 '신규'다 보니 준비부터 진행까지 손이 많이 간다. 배치 시험, 조교 선발, 버디 활동, 학생 관리, 문화 체험, 행정 업무, 수학여행에 결과 보고서까지 번거롭고 부담스러운 업무가 많다. 한 선생님이 팀장을 맡았다. 수고를 아끼지 않고 프로그램을 준비해 진행하는데 황당한 말이 나왔다.

"자체직원에게 팀장 수당은 지급할 수 없다."

대학 예산을 받아 진행하기 때문에 자체직원에게 '팀장 수당'은 지급이 불가하다고 했다. 어찌어찌해 받기는 했지만, 그 명목은 아니었다.

수업에도 불편을 겪는다. 6급을 마친 학생들이 최고급반인 연구반에서 배운다. 방송에 나오는 외국인만큼 한국어가 유창해, 어렵고 무거운 자료를 여럿 듣고 읽는다. 그런 만큼 길게 말하고 많이 쓴다. 강의 자료를 올리고 숙제를 받는 데 구글 클래스룸을 쓴다. 서울대 학습관리시스템(LMS)을 제공받으면 좋겠지만, 역시나 어학당은 제외됐다. 그런데 구글 저장 공간이 5GB에 불과해 자료를 충분히 올리지 못한다. 수업에 필요하니 교원들처럼 20GB로 늘려 달라고 이곳저곳에 문의하고 요청했지만, 안 된다는 대답뿐이었다. "학교 구글 계정의 경우 신분별로 용량이 지정"됐다고 한다. 하는 일이 교육이어도 우리는 그저 직원일 뿐이었다.

지위가 본질이다. 합당한 지위를 정립하지 못한다면 중단과 불가와 불편이 반복될 터이다. 연구도 업무도 수업도 자체직원에 발목이 잡힌다.

모순은 노동절에 극명해진다. 센터는 쉰다. 반면 서울대는 쉬지 않는다. 대학 교원 또한 근로자이지만, 노동절 휴무 대상에서 제외되기에 교수나 강사는 모두 수업한다. 당연히 학부에 개설된 한국어 과목 수업도 진행된다. 그러나 센터 한국어교원은 근로자이되 법적으로는 교원이 아니기에 수업을 진행하지 않는다. 게다가 2022년부터 센터에 '용역'강사가 생겼다. 함께 가르치지만 구성원으로 인정받지 못하는, 계약상 프리랜서다. 노동절에 무급으로 쉬는 이들은 근로자도 교원도 아니다. 이 복잡함이 한국어교원의 현실이다.

교섭 단위 분리는 현실적 차선책이었다. 입법과 행정이 미비해 현장에서 찾은 미봉책이었다. 이제까지 한국어 교육은 국제적·문화적 측면이 두드러졌고, 국내적·교육적 측면에는 관심이 적었다. 국회는 한국어 교육을 문화로 접근했다. 〈국어기본법〉에 한국어교원을 두어 문화체육관광부에서 자격증을 관리한다. 교육부와 고용노동부는 어학당 한국어교원이 〈고등교육법〉상의 교원은 아니라고 했다. 결국 한국어 교육 노동자는 교육 현장에서 노동조합을 통해 지위와 처우를 확보하고자 했다. 단체협약, 개별교섭과 교섭 단위 분리 모두 노동법에서 찾은 지위 확보 방법이지만, 임시방편이다. 근본적 해결책이 아니다. 국회 및 정부와 함께 풀어가야 한다.

신학자 라인홀드 니부어(Reinhold Niebuhr)는 이렇게 기도했다.

"바꿀 수 없는 것을 받아들이는 은혜와 바꿔야 할 것을 바꾸는 용기, 그리고 이 둘을 분별하는 지혜를 주소서."

한국어 교육 노동자의 평온을 위해 은혜보다 용기를 소망한다.

9

노동조합에서 공화로, 민주로

단어(單語, word)와 어휘(語彙, vocabulary)는 비슷해 보이지만 다르다. 단어가 원소라면 어휘는 집합이다. 고급반에서 민주주의를 이야기할 때면 관련 개념을 묶어 설명한다. 민주주의는 군주정, 폭군정, 귀족정, 과두정, 민주정, 폭민정과 함께 놓아야 의미가 두드러진다. 권력자는 1인, 소수 아니면 다수다. 각각 군주정, 귀족정, 민주정이라 부른다. 이 세 가지 중 어느 하나가 권력을 독점하는 순수 정체(政體)는 곧잘 타락한다.*

그렇다면 어학당은 정체가 무엇일까? 적어도 민주정, 폭민정은 아니다. 어학당에서 한국어교원은 힘없는 다수에 불과하다. 권력은 언제나 한국어교원의 몫이 아니고, 의사결정은 1인 또는 소수가 한다.

---

* 권력자가 공동선이나 피지배 계급의 이익이 아니라 자신의 이익만을 추구해 타락하면 각각 폭군정(1인), 과두정(소수), 폭민정(다수)이라 부른다.

노동 조건은 원장이 정하고, 학사 운영은 한국어교원 출신 소수 관리자가 주도한다.

이런 상황에서 노동조합이 만들어졌다. 노동조합 활동은 처우 개선에 국한되지 않는다. 운영, 평가, 승진 등 주요 제도를 함께 고민한다. 밖으로는 원장과 소장, 소수 관리자와 때로는 맞서고 때로는 협력하며 공익과 우리의 권익을 도모한다. 안으로는 조합원들끼리 시시콜콜한 이야기부터 중차대한 결정까지 함께 모여 떠든다. 그렇게 일터 민주주의를 만들어 간다.

노동조합이 끌어올린 처우

오른쪽 채용 공고가 2023년에 나갔다. 첫 문장은 마음이 아프다. 교원이 아니라 "자체직원"이라고 적었다. 앞에서 말했듯 서울대에서 한국어교원은 교원이 아니라 언어교육을 담당하는 자체직원으로 구분된다. 정년이 보장되는 무기계약직으로, 한국어 교육과 연구 및 업무를 담당한다. 어학연수생에게 한국어를 가르치며 교수법을 고민하고 교재를 만든다. 정규 프로그램과 특별 프로그램을 운영하며 관련 업무를 처리한다. 주 4일, 32시간을 근무하는데 강의가 16시간, 연구 및 업무가 16시간이다. 강의 시간과 강의 수반 업무 시간이 1:1로 반반이다. 지원 자격은 석사 학위 이상에 교육 경력 2년 이상이다. 연봉은 3,500만 원 안팎이다. 전화를 여러 통 받았다. 자기도 지원하겠다고들 야단이었다. 업계에서는 놀라운 조건이다.

이 처우를 노동조합이 만들어 냈다. 2019년까지만 해도 9년 차 전임강사 연봉이 2,400만 원 남짓에 불과했다. 2018년에 조합을 만들어 2020년 3월에 시간강사 전원을 무기계약직으로 전환하면서부터 차츰 개선됐다. 책임 강의를 학기당 160시간으로 늘려 기본급을 3,000만 원대로 높였다. 4대 보험과 퇴직금이 있고 다달이 정액 급식비와 가족수당이 나온다. 설과 추석에 명절휴가비가, 1년에 한 번 성과 상여금과 맞춤형 복지비가 지급된다.

서울대학교 언어교육원 자체직원(언어교육) 채용 공고

서울대학교 언어교육원 자체직원(언어교육) 채용을 다음과 같이 공고합니다.

1. 채용인원

구분	채용인원	담당업무	근무지	임용시기
언어교육 (무기계약)	2명	▶ 한국어교육(주당16시간) ▶ 연구 및 업무(주당16시간)	서울대학교 언어교육원	2023. 9. 1. (예정)

2. 지원자격

채용분야	응시자격 및 우대조건
언어교육	▶ 필수 : 인문사회 계열 석사학위 이상 소지자 　　　　한국어교원 자격증 소지자 　　　　한국어교육 경력 2년(주당12시간 기준) 이상 ▶ 우대 : 박사학위 소지자 우대

○ 응시연령 : 만 60세 미만인 자(2023. 9. 1.기준)

7. 고용조건
　가. 계약기간 : 임용일(2023. 9. 1.예정) ~ 정년(만60세)
　나. 근무시간 : 주32시간 근무
　다. 보수 : 연봉기준 35,000천원 내외

서울대학교 언어교육원 한국어교원 채용 공고(2023년 7월)

이렇게 해서 기본은 갖췄지만, 근속 연수에 따른 임금 상승 폭(임금의 연공성)이 크지 않다. 신입 선생님 연봉을 100%로 할 때 19년 차 선생님 연봉이 127%다. 제조업 남성의 경우 근속 15~19년의 상대 임금이 228%다.* 여전히 갈 길이 멀다.

노동조합은 먼저 자체직원 임금 협약부터 온전히 지키라고 요구했다. 학교는 노동위원회에서 한국어교원이 자체직원에 속한다고 거듭 주장했고, 교섭 단위는 분리되지 않았다. 그 결과 우리는 자체직원으로 남겨졌지만, 정작 자체직원 임금 협약은 적용하지 않았다. 정액 급식비와 명절휴가비는 협약에 미달했고, 가족수당은 항목조차 없었다. 면담 자리에서 누차 요청했지만, 행정실이 뭉그적거렸다. 예산 부족을 핑계로 지급을 미루면서 일부만 받으라고 하기도 했다.

우리 노동조합은 행정실과 교섭대표노동조합에 공문을 보내 임금 협약 이행을 촉구했다. 아울러 관내 노동 관서에 이런 상황을 넌지시 흘렸다. 강제력이 있는 단체협약의 특성상 노동 관서와 교대노조의 압박이 이어졌고, 행정실은 등이 떠밀렸다. 차액을 정산하고 각종 수당을 지급하기 시작했다. 이제는 임금 협약이 체결되면 바로 이메일이 온다. "임협대로 지급하겠다."

내부 교섭에도 성과가 있었다. 명절휴가비를 정액에서 정률로 바꾸고 동아리 활동과 해외연수를 지원받는다. 호봉제 도입이 최선이고 연

---

* 정이환, 《한국 고용체계론》, 후마니타스, 2013, 156~158쪽. 근속연수별 상대 임금은 근속 1년 미만 근로자를 100으로 한 기준.

차에 따른 기본급 인상이 필요했지만, 교섭권이 없어 달리 방법이 없었다. 그러던 중에 임금 협약에서 명절휴가비를 "설과 추석 연 2회, 각 60만 원 이상"이라고 합의했다. 우리는 '이상'에 주목해 정률 30%를 요구했다. 정액보다 정률이 고연차 선생님에게 보탬이 된다. 이제껏 센터를 키워 온 선배 선생님이 조금이라도 더 대우받기를 바랐다. 선생님들이 동아리를 만들면 활동비가 약간 나온다. 독서, 토픽, 공연, AI 동아리가 생겨났다. 또한 해마다 선생님 10명가량이 해외 한국어 교육기관을 둘러보러 나간다. 삼삼오오 연수를 기획하면 센터에서 경비를 보조한다. 노동조합이 안팎으로 애쓴 덕분에 임금이 오르고 복지가 늘었다.

취업규칙으로 업무, 평정, 승진까지

2024년 12월, 대학 본부에서 '한국어교육센터 내부 수칙(내규)'을 승인했다. 내규는 센터 운영을 위한 자체 규정이자 노동법상 취업규칙에 해당한다. 교섭권이 없어 단체협약을 맺을 수 없었던 우리는 내규를 협상 테이블에 올렸다.

조합을 만든 이후 소장과 여러 차례 협의해 내규를 고쳐 왔지만, 본부 승인을 받지는 못했다. 한 번은 넘어야 할 산이었다. 6년여에 걸쳐 합의한 근로조건 일체를 내규에 담았다. 신구 조문 비교표가 온통 빨갰다. 마침내 내규가 본부 운영위원회를 통과했다. 200시간 문제, 근무평정 개선, 그리고 대우교수 특별 채용까지 공식 인정을 받았다. 이제 원장이라도 근로조건을 함부로 낮추기는 어려워졌다.

원장은 200시간을 수업으로 채워야 한다고 했다. 어학당은 학기당 200시간 수업이 기본이지만, 특히 가을 학기에는 수업 결손이 불가피했다. 추석 연휴, 한글날, 개천절에 개교기념일까지 있다. 지금까지 내규에 따라 공휴일 수업을 작문 등 과제로 대체해 왔는데, 원장이 이를 지적했다. 종강을 늦춰서라도 수업으로 보충하되 추가 강의료는 없다고 했다.

선생님들은 반발했다. 교원 지위는 인정하지 않으면서 책임만 강요한다. 이제껏 공휴일이 있어도 교과과정을 빠짐없이 가르쳤고, 과제로 보완해 왔다. 직원이기 때문에 초과 강의료를 줄 수 없다면 모순이다. 오랜 협의 끝에 타협점을 찾았다. 공휴일이 3일 이하면 현행대로 하고 4일째부터는 사전에 제작한 동영상 강의를 제공하기로 했다. 학생의 학습권을 보장하면서 조합원의 근로조건도 지켜냈다.

또 하나의 쟁점은 근무평정이었다. 해마다 1월이면 강의 평가를 포함해 지난 1년의 근무를 평정하고 그에 따라 성과급이 지급된다. 선생님들이 문제를 제기했다. 교육 점수 반영 기준, 연구 실적 인정 범위, 원내 봉사 활동 평가 등 기존 방식이 공정하지 않다고 했다. 조합에서 개선을 건의하자 소장이 받아들였다. 지원자를 받아 전담반을 꾸렸다.

두 달 동안 평가 체계를 세분화하고 업무의 경중을 고려해 공정성을 높였다. 초안을 회람하는데 의견이 분분했다.

"보직마다 배점이 달라 공평하지 않다."

"배치고사 참여 점수가 과하다."

"자발성은 점수화하면 안 된다."

논의와 수정이 이어졌고 마침내 새 평정 기준이 나왔다. 이것을 전담반에 참여했던 막내 선생님이 전체 워크숍에서 발표했다. 2024년도부터 새 기준으로 근무를 평정한다.

마지막은 승진이었다. 내부 심사를 통한 대우교수 특별 채용이 성사됐다. 우리는 승진 및 승급제 도입을 10년 넘게 요구해 왔다. 근로의욕 고취와 센터 발전을 위해 꼭 필요했다. 사용자 측은 공채를 고수했다. 협의와 절충이 이어졌다. 조합은 공채 지원 자격 완화와 연차 및 기여도 반영을 요구했고, 원장은 난색을 지었다. 감사의 지적과 연공서열 논란을 우려했다. 우회로를 찾았다. 내부 특별 채용을 신설하는 쪽으로 가닥을 잡았다. 하지만 진행이 더뎠다. 본부 승인이 늦어졌고, 선발 기준에 이견이 많았다. 일부에서는 지원 자격으로 박사 학위를 지지했다. 협의 끝에 박사 학위 또는 강의 경력으로 지원 자격을 완화하고 서류 심사에 센터 기여도를 반영했다. 2024년 겨울, 내규에 특별 채용 근거 조항을 새로 넣어 대우교수 1명을 선발했다. 오랜 줄다리기 끝에 사다리 하나를 놓았다.

구조적 한계에도 혼합정체의 공화로

노동조합 결성 이전까지 어학당은 위계질서가 분명했다. 본교 교수가 보직으로 맡는 원장과 소장이 최종 결정을 내린다. 법인직원인 행정실장이 재정과 행정을 총괄한다. 대우교수는 부장을 맡아 실무를 지휘하며, 학사 운영 전반에 걸쳐 실질적 권한을 행사한다. 전임강사는 실무를 담당하지만, 수동적인 위치에 머물렀다.

그러나 노조가 등장하면서 균열이 생겼다. 대우교수 일부와 전임강사 다수가 조합에 가입해 조직적으로 목소리를 내기 시작했다. 과거에는 상층부의 결정을 일방적으로 통보받아 실행했다면, 이제는 의견을 낸다. 고용이 안정된 덕분에 발언에도 힘이 생겼다. 문제를 제기하고 대안을 제시한다. 과장을 조금 얹자면 동등한 발언권을 바탕으로 공론장이 열렸다.

고대 그리스 역사가 폴리비오스(Polybius, BC 200~118)는 로마의 성장 비결을 혼합정체에서 찾았다. 로마는 집정관(군주정), 원로원(귀족정), 그리고 호민관과 민회(민주정)가 서로 견제하는 가운데 균형을 이뤘다. 세 주체 간 정치적 갈등과 활발한 반대의 목소리가 로마 공화정을 공동선으로, 성공으로 이끌었다. 건강한 혼합정체를 토대로 로마는 대제국을 이룩했다.

센터도 마찬가지다. 이제까지 원장과 소장이 최종 결정권을 갖고 대우교수가 부장단을 맡아 운영 전반을 지휘했다. 기본 구조는 여전하지만, 조합이 목소리를 내면서 기존 군주정과 귀족정에 민주정 요소가 더해졌다. 미약하나마 견제와 균형이 생겨났다. 변화가 근본적이지는 않지만, 일방적 지배가 아닌 공화를 향해 간다. 흐릿한 혼합정체에서 새로운 균형점을 찾아간다.

물론 구조적 한계가 분명하다. 기껏해야 근로조건을 취업규칙으로 협상할 뿐이다. 단체교섭은 교대노조에 '외주(?)'를 맡겼다. 교섭 단위를 분리하지 못해 교섭은 구경하지도 못하는 우리 나름의 정신 승리 방법이다. 임금도 자체직원 임금 협약을 적용받을 뿐이다. 센터 내 여러 제도 또한 단체협약이 아니라 취업규칙으로 형성한다.

어불성설이지만 현실이다.* 애초에 취업규칙은 사용자 몫이다. 사용자가 만들고 근로자는 따를 뿐이다. 다만 노동자에게 불리하게 고치려면 노동조합의 동의가 필요하다. 우리는 학교가 내규를 조금이라도 불리하게 바꾸려 하면, 이를 기회로 삼아 거래(?)를 통해 여타 조건을 개선한다. 안타깝지만 아직까지는 자체직원 단체협약과 한국어교원 취업규칙이 엄연한 현실이다.

노동조합이 무슨 대단한 권력을 쥐고 센터를 쥐락펴락하는 것도 아니다. 전임강사 충원, 연봉 균등 조정, 호봉제 도입 등은 요구만 해봤다. 성과는 빈손이었다. 내부 심사를 통한 대우교수 특별 채용이 성사되기는 했지만, 우리가 바랐던 승급 및 승진제와는 거리가 있다. 내

---

* '유리의 원칙'이라고 한다. 근로조건에 관한 규정이 충돌할 때, 근로자에게 가장 유리한 조건을 적용하는 원칙이다. '단체협약〉취업규칙〉근로계약서'가 기본이지만, 유리의 원칙은 이 위계를 뛰어넘는다.

규와 근무평정 기준도 우리 뜻대로만 되지는 않았다. 여전히 원장과 소장, 부장단이 더하고 빼고 고친다.

위계는 여전히 남아 있고 민주적 운영은 아직 멀었다. 다만 근로조건과 제도에 관해 의견을 개진하고 협상해 볼 여지가 조금 늘었을 뿐이다. 지금도 운동장은 기울어져 있지만, 조합이 없었던 때와 비교하면 이 정도 변화만으로도 큰 발전이다. 그리고 그 시작은 노동조합이었다.

민주적 제도와 문화로 인간의 일을

노동조합의 힘은 높은 조직률에서, 그리고 우리가 만든 민주적 제도와 문화에서 나온다. 선생님 열에 여덟이 조합에 가입했다. 이를 토대로 총회, 그룹과 상임위원, 상임위원회와 대표 체계를 꾸렸다.

총회는 최고 의결 기구다. 계절마다 한 번씩, 1년에 네 차례 연다. 여기서 주요 사안을 보고하고 전체적인 방향을 잡는다. 선생님들을 연차에 따라 다섯 그룹으로 나누어 묶었다. 5년 안팎을 단위로 한 그룹을 묶는데 10명 내외다. 그룹마다 상임위원 2명을 두었는데 순번제로 돌아가며 맡는다. 임기는 두 계절이지만 철마다 1명씩 교체한다. 단절을 피하고 연속성을 유지하기 위해서다. 가령 1그룹에서 조합원 A, B, C가 순서대로 상임위원을 맡는다면 A는 봄과 여름, B는 여름과 가을, C는 가을과 겨울을 상임위원회에서 활동한다. 덕분에 모두가 조합 일을 알고 간부를 맡는다.

상임위원회는 조합 운영의 중심이다. 일반적인 노조 운영과 다르다. 보통은 총회, 대의원대회, 집행부가 기본 틀이다. 총회는 1년에 한 번 열리고 대의원회가 국회 역할을, 집행부가 행정부 역할을 맡는다. 대통령제를 닮아 2~3년 임기의 지부장과 집행부가 주도하며, 조합원의 참여가 적다.

우리 방식은 대의원과 집행부가 한 몸이다. 부정기적으로 열리는 상임위원회에서 조합원 의견을 받아 일을 진행한다. 총 12명으로, 다섯 그룹에서 2명씩 나오고 대표 2명이 당연직으로 함께한다. 대표는 2명이 공동으로 맡는다. 백지장도 맞들면 나은데, 하물며 대표는 일

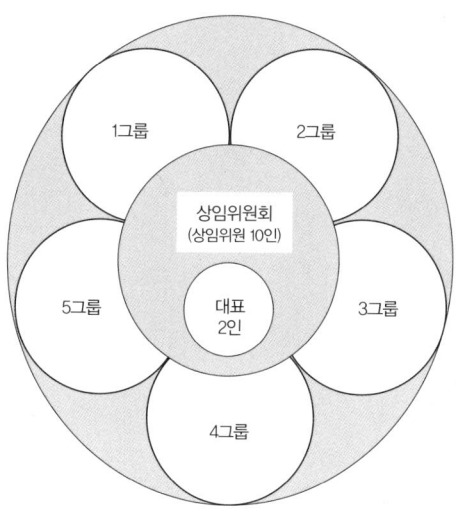

한국어교육센터 노동조합 조직 구성

이 많고 외롭다. 이런 설명이 뭔가 대단해 보이지만, 실제로는 느슨하고 소박하다. 규모가 작고 서로를 믿기에 명문의 규약 없이도 잘 작동한다. 무엇보다 모두가 참여하고 민주적으로 운영된다.

일은 경중에 따라 대·중·소로 구분해 처리한다. 작은 건은 대표 둘이 해결한다. 각종 제출 서류 양식, 휴직 뒤 복직 방법, 취업규칙 문의 등은 대표 선에서 바로 처리한다. 중(中)은 상임위에서 의논해 집행한다. 예를 들면 원장이나 소장에게 보내는 메일이다. 노조 이름으로 나가기에 조심스럽다. 초안이 나오면 상임위에서 검토한 뒤에 발송한다. 대개는 이 정도로 일을 진행하고, 가끔 그룹을 활용한다. 조합원 의견에 귀를 기울여야 하는 경우다. 그룹별로 안건을 논의한 뒤에 상임위에서 결정한다. 앞에서 말한 200시간 문제처럼 큰 사안은 총회에서 결정한다. 내용을 충분히 공유한 다음 모두가 모여 입장을 정하고 결의를 다진다. 사안마다 진행 절차가 다르기는 하지만, 대표와 상임위가 중심을 잡고 누구도 배제하지 않는다.

조합은 〈위클리(Weekly)〉라는 소식지로 정보를 공유한다. 지난주를 정리하고 다음 주를 안내한다. 상임위 회의 내용을 담고 총회를 공지한다. 다른 학교 상황을 알리고 행사를 소개한다. 때때로 참여와 도움을 청하기도 한다. 〈위클리〉에 적은 한 줄도 그냥 나오는 법이 없다. "소장님 면담 예정, 안건은 상여금 인상"은 15자, 한 줄에 불과하지만, 두 대표와 상임위 때로는 그룹과 총회까지 거친 결과다. 진행이 더뎌 답답할 정도로 절차를 밟는다. 이렇게 조합은 선생님들의 일상에 스며들었다. 아리스토텔레스식으로 표현하면, 정치는 인간의 일이며 더 나은 상태를 고안하고 계속 개선해 나가는 일이다. 노동조합에서 인간의 일을 한다.

'함께 나눠 기쁜 노동조합'이라는 이름의 이벤트가 기억에 남는다. 2022년 12월에 가족수당 4년 치가 소급 지급됐는데 금액 차이가 컸다. 결혼해 자녀를 둔 선생님은 수백만 원을 받았지만, 비혼 선생님들은 혜택이 없거나 적었다. 함께 나누고 싶었다. 이번에만 자발적 기부를 받아 모두에게 선물을 돌리기로 했다. 1인당 최대 5만 원, 목표는 120만 원이었다. 기부의 당위성과 비조합원 참여 여부를 두고 말이 오갔지만, 여러 조합원이 취지에 공감해 줬다. 목표를 조기에 달성했다. 원장, 소장, 행정실장은 물론 비조합원 선생님을 포함해 행정실, 제작실, 전산실, 사무실 직원과 외국어교육센터 선생님들에게도 선물을 전달했다. 함께하는 조합의 마음을 전했다.

노동조합 활동은 A 소장 재임 때 가장 힘들었다. 그는 조합을 만나주지조차 않았다. 조합에서 노사 협의 정례화, 대강료 지급 규정 및 퇴직금 정산 기준 명문화 등 안건을 들고 여러 차례 면담을 요청했지만, 거절로 일관했다.

문제는 제도에 있다. 노동조합이라고는 해도 교섭권이 없다. 그래서 사용자를 협상 테이블로 불러올 강제력 또한 없다. 우리 안에서는 민주적 제도와 함께 참여하고 연대하는 문화를 만들었지만, 밖에서는 노사협의회든 단체교섭이든 제도적 틀이 없다. 협력적인 원장, 소장을 만나면 이야기할 자리가 열리고, 그렇지 않으면 힘들어진다. 물론 이제까지 잘 운영해 왔다. 함께하는 조합원 선생님들 덕분이다. 그래서 더 지위에 목마르다. 우리의 민주적 조직과 문화를 바탕으로 한 걸음 더 나아가기 위해서 지위와 틀이 꼭 필요하다.

일터에도 공화와 민주를

주간지 《시사IN》에서는 편집국장을 구성원의 직접 투표로 '선출'한다. 선거관리위원회를 구성하고 후보가 확정되면 '후보 청문회'가 열린다. 그 뒤 1주일간 투표를 진행해 편집국장을 결정한다. 선관위 구성부터 최종 투표까지 두 달 남짓 걸리는 이 과정을 2년마다 반복한다. 임기를 마친 편집국장은 일선 기자로 복귀한다.

일터 민주주의의 표본이다. 잡지의 방향과 색깔은 편집국장 손에 달렸다. 그런 자리에 동료들의 투표로 뽑혀 일하다 내려온다. 교사가 교장을, 의사가 병원장을, 판사가 법원장을 맡듯, 집단 안에서 구성원들이 직접 리더를 뽑는다.

그런데 어학당 원장은 본교 교수 중에서 임명된다. 현 단계에서는 공화가 급선무다. 권력을 독점하지 않도록 지배가 없는 상태를 만든다. 다음은 민주다. C. L. R. 제임스(C. L. R. James)가 쓴 〈Every Cook Can Govern〉은 고대 그리스 민주주의를 해설한 글이다. 제목을 직역하면 '요리사 누구나 통치할 수 있다'지만, 요즘 말로 '야, 너두 (정치)할 수 있어!'가 적절하겠다. 로마를 넘어 아테네를 희망한다. 조합원 중에서 소장이, 원장이 나오기를 바란다. 우리의 투표로, 더 나아가 제비뽑기로 뽑았으면 좋겠다.

훗날 센터에 지원하는 후배 선생님이 이렇게 지원 동기를 말했으면 좋겠다.

"노동조합이 있어서요."

쿠키 영상을 추가한다.

"(머리에 빨간 띠를 두르고 팔뚝질하며) 화장실은 인권이다, 남녀 차별 철폐하고 남자 화장실 쟁취하자!"

이렇게라도 해야 하나? 내가 가던 화장실이 없어졌다. 1층과 3층에만 남자 화장실이 있고 2층과 4층에는 없다. 화장실은 같은 크기라도 남자 쪽 수용 인원이 많다. 사용 시간도 남자가 짧고 여자는 길다. 게다가 어학당에는 선생도 학생도 여성이 압도적이다. 쉬는 시간마다 여자 화장실에 줄이 늘어선다. 줄 서지 않게 1~2분 일찍 끝내 달라는 학생도 있다. 쉬는 시간 동안 화장실을 사용 못 해 수업에 늦게 들어오기도 한다.

방법은 역시 그것뿐이다. 공간은 한정됐고 여자 화장실은 부족하다. 그렇다고 교실을 허물자니 비용이 많이 든다. 남자 화장실을 여자 화장실로 개조하는 게 차선책이다. 그런 이유로 몇 개 층에서 남자 화장실이 여자 화장실로 바뀌었다.

좋다. 억지로라도 이해해 보자. 그럴 수밖에 없었겠지. 남자 화장실이 층마다 없을 수도 있지. 그래도 그렇지. 정년까지 수년을 계단 오르내리며 화장실 가야 할 나한테 사전에 말은 했어야지, 동의까지는 아니어도 양해는 구했어야지, 양해 구하기가 어려우면 한번 물어보기라도 했어야지. 소수자가 이렇게 서럽다. 이래서 민주주의가 직장 문 앞에서 멈춘다. 모두가 참여해 공동체의 일을 숙의하는 과정, 이것이 우리가 만들어 가는 일터 민주주의다.

직종별 온라인 노동조합으로
뭉치다

10

선생님, 우리 동지 합시다

"지부장님, 저희 연구비 좀 지원해 주세요. 임금체계를 살펴보려 합니다."

사회적 거리 두기가 풀리던 2022년 5월, 나는 지부장을 찾아갔다. 몇몇 선생님이 상여금 지급 과정에 문제를 제기하자 조합원들이 의견을 보탰다. 이참에 센터 임금체계로 연구 보고서를 써서 호봉제까지 요구해 보자고. 그런데 지부장이 난색을 보였다. 예산에 없던 데다 금액도 부담스럽다고 했다. 거듭 취지를 설명하며 부탁했지만, 끝내 고개를 저었다. 그 작은 거절이 나비의 날갯짓이 될 줄 그때는 몰랐다. 2년 뒤 직종별·온라인 노동조합으로 번져 갔다. 그동안 물이 세 번 들어왔고, 그때마다 우리는 노를 저었다.

전국 단위 연구 보고서

첫 번째 물이 예고 없이 들어왔다. 지부장이 판을 키웠다. 지원해 주지 못한 게 못내 미안했나 보다. 한국어교원 관련 연구 사업을 덜컥 전국대학노동조합 중앙위원회에 안건으로 올렸고, 승인이 났다. 정책실 사업으로 예산이 편성되면서 규모가 커졌다. 범위는 센터에서 전국 어학당으로, 주제는 임금체계에서 근로 실태로 확대됐다. 결국 제목을 바꿨다. '서울대 언어교육원 한국어교육센터 임금체계 연구'를 지우고 '대학 부속 한국어 교육기관 한국어교원의 근로 실태'라고 적었다.

걱정이 앞섰지만 물러설 수 없었다. 대학비정규직특별위원회(한국어교원 특위)에 네 학교 선생님이 모였지만, 각자 학교와 싸우느라 바빴다. 한글날 광화문 기자회견도 팬데믹 탓에 최소 인원으로 진행했다. 그런 가운데 함께 정책을 만들어 활동할 기회가 찾아온 것이다. 바깥 상황도 바뀐 주제를 부추겼다. 당시 정부는 한국어교원 관련 연구 용역을 잇따라 발주했다. 국립국어원은 활동 현황을, 문체부는 처우와 법·제도 개선 방안을 과제로 제시했다. 정부의 관심은 반가웠지만, 우려도 컸다. 사용자 입장에 치우친 보고서가 쏟아질 게 뻔했다. 노동의 시각에서 고용과 처우를 들여다본 연구가 절실했다. 느닷없이 이 일이 커졌다고 마다할 수 없었다. 노를 젓기로 했다.

연구 보고서는 법률 문서를 바탕으로 근로 실태 파악에 역점을 두었다. 글은 말보다 견고하다. 강원대, 경희대, 서울대, 연세대에서 단

시간		활동 및 사건	비고
2022년	5월	서울대지부에 연구비 지원 요청과 거절	
	6월	대학노조 정책연구사업(연구 보고서) 승인	
	10월	연구 사업 착수	한국어교원 특위
2023년	8월 23일	국회토론회를 제안 받음	류호정 의원실
	9월 21일	국회토론회(연구 보고서 발표)	〈한겨레〉 보도
	10월	국정감사(10일) 대응 및 언론 보도(23일)	〈경향신문〉 보도
	11월 3일	결과 보고회	노무현시민센터
2024년	3월 4일	온라인 노동조합 출범 언론 보도	직장갑질119
	3월 14일	교육부, 26개 국공립대에 간담회 공문 시행	교육부, 고용노동부
	4월 26일	한국어교원협회(가칭) 준비위원회 첫 모임	
	5월 20일	직장갑질119 협의	직장갑질119
	5월 31일	한국어교원협회(가칭) 준비위원회 두 번째 모임	

대학노조 대학비정규직특별위원회(한국어교원 특위) 주요 활동(2022년 5월~2024년 5월)

어 하나, 표현 하나를 두고 다투었다. 2022년 9월 국립국어원에서 나온 〈한국어교원 활동 현황 조사〉는 응답자 수만 1만3,139명에 달했다. 지역에서 몇몇 선생님의 근로조건을 심층 인터뷰한 선행 논문도 있었다. 그러나 전국 단위에서 근로계약서 등 법률 문서를 체계적으로 분석한 연구는 없었다. 우리는 우리만의 길을 가야 했다. 근로계약서, 취업규칙, 단체협약을 중심에 두고 설문과 인터뷰를 더해 근로 실태를 파악하기로 했다. 이렇게 구상하는 동안 걱정이 커졌다. 계약서를 모으지 못하면 계획은 그대로 허사가 되고 만다.

공개적으로 호소했다. 한국어교원이 모인 인터넷 커뮤니티에 실명으로 글을 올렸다. 한글날 기자회견 등 그간의 활동을 소개하며 연구 취지를 설명했다. 계약서를 보내 달라고, 인터뷰에 응해 달라고 부탁했다. 문서는 연구에만 사용되며 종료 뒤 곧바로 폐기된다고 분명히 밝혔지만, 꺼림직한 마음이 드는 것은 당연했다. 선뜻 계약서를 내보이기란 쉽지 않다. 심지어 계약 내용 유출을 금지하는 조항이 명시된 계약서도 있었다. 그럼에도 수도권과 비수도권, 국공립과 사립, 일반대학과 전문대학을 망라해 56장이 모였다. 사용자에게 말하지 못했던 부정적 감정과 간절한 바람이 함께 담겨 왔다.

계약서, 아니 마음을 내 주신 선생님들 덕분에 연구가 시작됐고 마침내 완성했다.

선물처럼 날아든 국회 토론회

후속 작업을 기획했다. 연구 결과, 어학당 열에 아홉이 노동법을 위반했다. 계약서는 법적 요건을 지키지 않았고, 취업규칙은 없다시피해 분석이 불가능했다. 단체협약은 연세대 한 곳뿐이었다. 이런 결과를 그저 보고서로만 끝낼 수는 없었다. 언론과 국회를 통해 알리고 시정을 끌어내야 했다. 대학노조 정책실장을 찾아갔다. 결과 보고회를 열어 느슨한 조직화를 유도하고 국회 토론회를 통해 교육부를 압박해 보자고 했다. 9월 결과 보고회, 10월 국정감사, 11월 국회 토론회로 순서를 잡았다. 큰 틀만 짜 놓고 세부 일정은 상황에 맞춰 조정하기로 했다. 이때가 2023년 8월 21일, 월요일이었다.

두 번째 물이 선물처럼 들어왔다. 불과 이틀 만인 수요일에 상황이 급변했다. 정의당 류호정 의원실에서 국회 토론회를 제안해 왔다. 날짜는 9월 21일, 제목은 〈한국어교원 노동 실태와 문제점 그리고 개선 방안 마련을 위한 토론회〉였다. 류 의원이 사회를 보겠다고 했다. 10월 국정감사를 준비하면서 실태를 직접 듣기 위해 우리를 찾았다. 키다리 아저씨가 떠올랐다.

잠깐 고민하다 바로 받았다. 시간, 준비 사항, 상임위를 살펴봤다. 4주 안에 발제, 현장 발언, 토론 등 행사 전반을 준비해야 했다. 발제와 현장 발언은 우리가 맡고, 토론자 섭외는 의원실에 맡겼다. 다만 상임위가 마음에 걸렸다. 류 의원은 국회 문화체육관광위원회 소속으로 문체부와 관련 정책을 담당한다. 우리는 교육부와 짝이 되는 교육위원회 소속 의원을 염두에 두고 있었다. 문체부 산하 국립국어원은 한국어교원 자격만 관장할 뿐이고 일터인 대학은 교육부 소관이기 때문이다. 하지만 찬밥 더운밥 가릴 때도 그럴 처지도 아니었다. 곧 연말이고 총선이다. 교육위원회 의원이 토론회를 열어 준다는 보장이 없었다. 노를 저었다.

국회 토론회와 국정감사는 성공적이었다. 의원실은 토론회 전날부터 기사를 내보냈다. 문체부 연구 보고서를 바탕으로 한 "한국말 좋아요, 그런데 선생님은 초단기-저임금 노동자입니다"가 〈한겨레〉에 실렸다. 류 의원은 발제, 현장 발언, 토론을 끝까지 귀담아들으며 토론회를 이끌었다. 그리고 문체부 국정감사에서 유인촌 장관을 다그쳤다. 개선 방안에 관한 연구 보고서가 이미 나왔는데, 왜 아직 관련 대책이 없느냐고 질타했다. 한국어교원의 노동권 보장을 위해 표준 권고안을 조속히 마련하라고 요구했다. 10월 23일에는 우리 연구 보고서와 국회 토론회 내용을 토대로 〈경향신문〉에서 기사가 나왔다. 제목은 "한국어쌤 '착취'로 지탱하는 한류?…계약서 모두 모아봤더니"였다.

11월 3일, 노무현시민센터에서 결과 보고회를 열었다. 멀리 계신 선생님들을 위해 온라인(Zoom)도 병행했다. 연구에 참여해 주신 선생님께 안내 메일을 보내고 인터넷 커뮤니티에 홍보 글을 올렸다. 어학당을 비롯해 초중등학교, 가족센터, 사회통합프로그램 등에서 가르치는 선생님 50여 명이 참석했다. 최종 보고서를 전해 드리면서 주요 내용을 발표했다. 자문 변호사가 법률적 쟁점을 정리하고 10명씩 다섯 그룹으로 나누어, 하고 싶은 말, 궁금했던 이야기를 나누었다. 뒤풀이도 했다. 다들 초면이었지만 경험이 비슷해 이내 말이 통하고 뜻이 맞았다.

얼굴을 가린 희망

'희망' 님이 잊히지 않았다. 국회 토론회 발언자를 두고 고민하던 끝에 10주 동안 주당 15시간 미만으로 계약해 일하는 선생님을 모시기로 했다. ○○○ 선생님께 조심스레 연락드렸다. 신분이 드러날까 봐 걱정하면서도 용기를 냈다. 이름은 '희망', 소속은 '비수도권 어학당'으로 정했다. 토론회 당일, 새벽 비행기로 올라온 희망 님은 환한 얼굴을 모자와 마스크로 내내 가린 채 발언대에 섰다. 발언을 마치고는 오후 수업이 있다며 점심도 거른 채 내려갔다. 고맙고 안타까웠다.

2023년 가을은 산이 높은 만큼 골도 깊었다. 연구 보고서, 국회 토론회, 국정감사와 언론 보도, 결과 보고회는 큰 성과였다. 밖으로는 근로 실태를 드러내 개선을 요구하고, 안으로는 소리 내 싸우고 있음을 보였다. 하지만 근로조건도 조합원 수도 달라지지 않았다. 무엇보다 선생님들과 함께할 수 없었다. 간절한 바람과 함께 계약서를 보내주신 선생님, 뒤풀이에서 현실을 토로하던 선생님 모두 한마음이었다. 근로조건이 나아지고 법률적 지위가 정립돼 한국어교원의 사회·경제적 지위가 향상되기를 바랐다. 뜻있는 선생님을 여럿 만났지만, 모두의 바람을 담을 그릇이, 모두가 함께할 틀이 없었다. 함께하자는 말을 속으로 삼켰다.

해묵은 고민이었다. 대학노조에는 '덕분에'와 '때문에'가 교차한다. 덕분에 네 학교 한국어교원은 고용이 안정되고 처우가 개선됐다. 이렇게 활동도 함께했다. '덕분에'는 고맙지만, '때문에' 대학 안팎의 불안정한 한국어교원을 끌어안지 못한다. 한국어교원 절반이 대학 밖에서 이주민과 만난다. 2024년 250만 이주배경 인구 가운데 유학생은 20만 명이었다. 어학당에서 가르친다 해도 두 가지 조건을 충족해야 노동조합에 가입할 수 있다. 묵시적이든 명시적이든 기간의 정함이 없어야 하고, 여럿이 함께 들어와 지부를 세워야 한다. 어학당보다 무기계약직이 어렵고, 그보다 지부 설립이 더 어렵다. 미래가 닫히고 있었다. 막연하게나마 한국어교원 노동조합을 생각했다.

희망 님은 간절해서 발언했고, 두려워서 마스크를 썼다. 연구 보고서와 결과 보고회를 통해 만난 선생님들 역시 다르지 않았다. 다들 희망 님처럼 간절함과 두려움 사이를 서성이며 노조 문 앞에서 머뭇거렸다. 정당한 요구를 두려움 없이 말하려면 노동조합이 필요하다. 전국의 한국어교원은 일터가 다를 뿐 자격과 업무가 같다. 모든 한국어교육 노동자의 이해를 대변하기 위해 직장을 넘어 직종으로 뭉쳐야 한다. 하지만 방법을 모르고 경험은 없다. 물이 두 번 들어왔고, 그때마다 노를 저었다. 덕분에 여기까지 왔다. 하지만 지도의 끝에서 희망은 얼굴을 가렸다.

온라인 노동조합 뉴스와 정부 합동 간담회 공문

새봄과 함께 두 가지 소식이 찾아왔다. 직장갑질119가 온라인 노동조합을 추진한다는 뉴스와 정부에서 한국어교원 근로조건 개선을 위한 간담회를 연다는 공문이었다. 괴테의 문장이 떠올랐다. "희망이 하늘에서 떨어지는 별처럼 우리 머리 위를 스쳐 지나갔다."

"'노조 필요한데, 우린 안 되겠지' 포기했다면…'온라인 노조' 출범"(〈경향신문〉, 2004.3.4)

"직장갑질119 온라인노조 출범한다"(〈매일노동뉴스〉, 2004.3.4)

"익명 가입·활동 가능한 '온라인 노조'가 온다"(〈한겨레〉, 2004.3.16)

2024년 3월, 온라인 노동조합 관련 기사가 연달아 나왔다. 설레는 마음으로 하나하나 찾아 읽었다. "누구나 온라인으로 쉽게 가입해 직종별·업종별로 모여 권익을 추구한다." "익명으로 가입해 신분 노출에 걱정이 없다. 기간제, 비정규직, 프리랜서도 가입할 수 있다." "해당 직종의 핵심 의제를 선정해 단체협약과 사회적 교섭을 추진한다. 지역 노동청, 구청, 상공회의소 등과의 협약도 고려 중이다."

기사만으로도 가슴이 뛰는데 마침 박성우 노무사가 주축이었다. 그는 10년 넘게 대학노조의 자문을 맡아 왔다. 우리 사정에 훤하고 이 문제의 결을 정확히 짚고 있었다. 길이 열리는 느낌이었다.

세 번째 물이 들어오고 있었다. 하지만 급하다고 해서 덜렁 빈손으로 찾아가 도와 달라고 불쑥 손부터 내밀 수는 없는 노릇이었다. 기사를 거듭 읽으며 순서를 고민했다. 선생님들부터 모은 뒤에 찾아가자고 마음먹던 참에 생각지도 못한 소식이 전해졌다.

교육부가 전국 26개 국공립대로 공문을 보냈다. 제목은 〈국공립대 한국어교원 근로조건 관련 실무 간담회 개최 알림〉이었다. 작년 가을부터 이어진 우리의 문제 제기에 정부가 대응에 나선 것이다. 시작은 고용노동부였다. "〈노동관계법〉 준수 분위기 확산을 위한 실무 간담회를 추진"하면서 교육부에 협조를 요청했다. 교육부는 고용노동부와 합동으로 각 대학 노무 담당 팀장과 한국어교원 담당 팀장을 불렀다. 인원, 계약 형태, 4대 보험 가입 여부 등 한국어교원 현황 자료와 근로조건 개선 계획을 들고 오라고 했다. 그 공문 한 장에 우리의 5년이 담겨 있었다.

결과 보고회에 참석했던 선생님들께 메일을 보내고 인터넷 커뮤니티에 글을 올렸다. 간담회 소식을 알리며 이제 제대로 모여 보자고 제안했다. 2024년 4월 26일 저녁, 60명이 넘는 선생님과 줌에서 만났다. 전국 각지는 물론 시차를 무릅쓰고 해외에서도 접속했다. 한국어교원이 단체를 만들기 위해 이렇게 한자리에 모인 것은 처음이었다. 매달 한 번씩 만나 단체 설립을 준비하기로 했다. 한글날 우리 이름으로 광화문 세종대왕 동상 앞에 서자는 제안도 나왔다. 이렇게 해서 '한국어교원협회(가칭) 준비위원회'가 만들어졌다. 다시 노를 젓기 시작했다.

직장갑질119를 찾아가 사정을 설명했다. 한국어교원은 이주민이 늘어나는 다문화 사회에 꼭 필요하다. 국내에서만 7,000여 명이 활동

한다. 어학당을 비롯해 초중등학교, 가족센터, 사회통합프로그램, 외국인노동자지원센터에서 가르치니 사용자는 대학과 정부다. 하지만 현실이 열악하다. 하나같이 1년 미만 계약, 주 15시간 미만 수업이다. 사용자는 수업 시간만 따져 초단시간노동자라고 주장한다. 4대 보험도 퇴직금도 없이 두세 곳을 오가며 수업하지만 평균 연봉이 1,357만 원이다. 다들 불이익이 두려워 노동조합은 엄두도 못 낸다. 대학노조는 좋지만, 한계가 있다. 온라인 노동조합에서 한국어교원 직종으로 모이면 돌파구가 열릴 것이다. 박 노무사는 우리를 반겼고, 직장갑질119는 기꺼이 손을 잡아 줬다. 서울대 지부장에게 연구비 지원을 요청했던 2022년 5월로부터 2년이 지난 2024년 5월이었다.

배를 지어 타고 지도 밖으로

직종별·온라인 노동조합은 가 보지 않은 길이다. 한국어교원 단체가 절실하지만, 선생님들은 노동조합이라는 이름부터 부담스러워한다. 한 직장에서 같이 점심 먹는 사이가 아니라 요일에 따라 이곳저곳을 오간다. 전국 여러 일터에서 한국어교원이라는 이유 하나로 서로를 느끼며 온라인에서 연대해야 한다. 특위 선생님들에게 뜻을 전했다.

"아무것도 하지 않으면 아무 일도 일어나지 않는다. 일단 해 보려 한다. 모사는 재인이요 성사는 재천이다(謀事在人 成事在天). 실패해도 경험이 남는다."

나도 속으로 흔들리던 터라 그렇게 말했다. 앞길은 여전히 미지수다.

더불어 바람도 커졌다. 노사정 협의체를 그려 보았다. 이번 간담회는 노동조합이 문제를 제기해 정부가 사용자를 불러 모았다. 아쉽게도 우리가 빠진 채 우리 근로조건을 다루었다. 앞으로는 정부와 사용자, 그리고 한국어교원 노동조합이 함께 만나기를 바란다. 노사정이 마주 앉아 산별교섭처럼 지위, 임금, 근로조건을 협의한다. 국공립대부터 통일된 근로조건을 형성하고 사립대로 확대한다. 협의체를 제도화하고 키워 여러 일터에 두루 적용되는 근로조건을 확보한다. 나아가 법률적 지위와 처우를 공고히 한다. 순진한 구상이고 꿈같은 상상이지만, 이것이 다문화 한국의 불평등과 갈등 비용을 줄이는 길이다. 그러려면 우리 한국어교원이 한데 뭉쳐야 한다.

배가 중요하다. 물 들어올 때 노 젓는다고 하지만, 정작 물과 노만 신경 쓰다 배를 잊기 쉽다. 배가 없는데 물이 밀려들면 축복이 아니라 재앙이다. 배가 없으면 노도 없다. 물때를 택해 노를 저으려면 배가 있어야 한다. 대학노조 한국어교원 특위라는 배를 타고 여기까지 왔다. 물은 도둑처럼, 선물처럼, 하늘에서 떨어지는 별처럼 들어왔고, 그때마다 함께 노를 저었다. 이제 오래, 멀리 타고 갈 새 배를 우리 손으로 짓는다. 직종별·온라인 노동조합이라는 배를 타고 지도 밖으로 떠난다.

〈원피스〉에서 루피는 외쳤다.

"너, 내 동료가 돼라!"

그는 '나카마(仲間)', 즉 '마음을 합쳐 무언가를 함께하며 오래도록 관계를 유지하는 사람들'을 모았다. 우리는 그들을 동지라 부른다.

"선생님, 우리 동지 합시다!"

11

어떻게 하면 임금이 오를까*

    1,357만 원. 한국어교원 연간 평균 수입이다. 한 달로 계산하면 113만 원이다. 2022년 국립국어원 조사 결과를 더 들여다보자. 대다수(84%)가 시급제로, 시간당 강의료는 평균 3만 2,000원이었다. 일주일에 평균 8.2시간, 연간으로는 424.2시간을 수업했다. 10명 가운데 3명(27.7%)은 두세 기관을 오가고, 4명(38.9%)은 별도 경제활동을 한다. 이들 가운데 소위 '부업'으로 얻는 소득이 더 많은 경우가 과반(56.7%)이었다.

    임금이 직업의 전부는 아니다. 그러나 일정 수준의 수입은 직업을 구성하는 필요조건이다. 이렇게 수입이 적어서는 직업이라 부르기 곤란하다. 다음은 2019년 연세대 한국어교원 노동조합 조합원의 설

---

* 2024년 5월 31일 한국어교원협회 준비위원회 두 번째 모임에서 강연한 내용을 정리했다.

문 답변 가운데 일부다.

월급이 피터팬이에요. 평생 어린이예요.

대출 없이 생활을 해 나가기가 불가능하다. 일한 만큼의 대가를 받지 못하니 일을 하고 월급은 받으나 가족 사이에서도 직업 자체가 무시당하는 상황이 벌어지고, 대출금 상환과 현 생활 유지를 위해 매우 긴장하며 살아야 한다.

현재의 임금은 좋아하고 사랑하는, 내 젊음을 바쳐 온 나의 생업이 부끄러워지게 만드는 원인이 된다. 넉넉하지는 않아도 굶주리는 느낌은 없어야 하지 않을까 싶다. 수업 시수를 적게 받은 동료들 앞에서는 죄인이 된 느낌이다. 평생 한국어 교육을 위해 일하고 있는 선생님들에게 적어도 돈 때문에 그만두고 싶다는 생각은 하지 않을 임금 정도는 돼야 하지 않을까 싶다.

어떻게 하면 임금이 오를까

수입=시간당 강의료×강의 시간. 한국어교원의 수입은 시간당 강의료와 강의 시간(이하 시수)의 곱이다. 시간당 강의료를 높이거나 수업을 많이 하면 수입이 늘어난다.

한때 이런 농담이 있었다. "코끼리를 냉장고에 넣는 방법은? 냉장고 문을 열고 코끼리를 냉장고에 집어넣고 문을 닫으면 된다." 시답잖은 구식 농담이지만 강의료 인상법도 다르지 않다. 사용자에게 연락해서 만난다. 강의료를 올려 달라고 요구하고 적정 강의료에 합의해 계약하면 된다. 방법은 단순하지만, 아무도 시도하지 않는다. 나 역시 해 본 적 없다. 강의를 많이 하는 방법도 있다. 역시 사용자를 만나 수업을 많이 하고 싶다고, 시수를 더 달라고 말하면 된다. 이 또한 수용되기는 어렵다.

사용자는 지극히 경제적이다. 이윤을 추구하며 임금 인상과 비용 상승은 회피하거나 저항한다. 소정근로시간이 주당 평균 15시간을 넘으면 유급휴일(주휴수당), 연차유급휴가, 퇴직금에 4대 보험까지 챙겨 줘야 한다. 소위 '비용'이 증가한다. 주당 소정근로시간이 15시간 미만인 초단시간근로자로 두어야 비용이 줄어든다. 유급휴일, 연차유급휴가, 퇴직금이 없고 사회보험은 산재보험만 가입해 주면 된다. 덕분에 한국어교원은 없는 게 많다. 15시간 이상 시수를 챙겨 주는 비합리적인 사용자는 없거나 (희)귀하다.*

실제 현장은 이렇다. 어디도 일주일에 15시간 이상 수업을 맡기지 않는다. 어학당에서는 주당 12시간 또는 8시간이다. 이른바 '월수금 선생, 화목 선생'이다. 초중등학교에서도 마찬가지다. "교육·학예에 관한 사무의 집행기관"인 교육감도 결국은 사용자인지라 몹시 합리

---

* 강의 시간(시수)이 근로시간의 전부가 아니지만, 사용자는 강의 시간만 근로시간이라고 주장한다. 강의 시간과 근로시간에 관해서는 2부를 참고할 것.

적이다. 유치원과 초중고에서는 평균 11.7시간 수업한다. 두 학교에서 수업할 수 있지만, 합쳐서 주당 15시간 이상은 안 된다. 가령 A 시에 있는 B 초등학교와 C 중학교에서 각각 8시간씩 수업하도록 허락하는 일은 일어나지 않는다. 합계 16시간이 돼 '비용'이 증가한다. 일주일 평균 사회통합프로그램은 9.8시간, 가족센터는 9.3시간, 외국인노동자지원센터는 5.1시간 가르친다.

내 임금을 올리는 방법

우리는 늘 합리적이고 실현 가능한 선택을 찾는다. 이직, 겸직, 진학을 고민한다. 먼저 시수 많이 주는 곳, 강의료 높은 곳으로 옮긴다. 하지만 말이 쉬울 뿐이다. 무엇보다 이직 자체가 부담이다. 집에서 너무 멀지 않아야 하고, 동료들과 학생들을 비롯해 기관 분위기가 나쁘지 않아야 한다. 수업 시간표도 내 일정과 맞아야 한다. 새 학교를 찾는 것부터가 일이고 스트레스인데 새 교재를 들여다보고 수업 방식을 조정·적응해야 한다. 게다가 다들 15시간 미만으로만 시수를 준다. 수업 많이 주는 곳은 없다시피 하고, 강의료 높은 곳은 이미 경쟁이 치열하다. 이직은 이사처럼 번거롭고 이런저런 '마찰'이라는 비용이 뒤따른다. 구관이 괜히 명관이 아니고, 나만 합리적인 게 아니다.

불안정한 겸직이 흔하다. 요일을 바꿔가며 A 어학당, B 어학당, C 기관을 오간다. A 어학당에서 월수금 오전, B 어학당에서 화목 오전,

그리고 C 기관에서 방과 후나 주말에 수업한다. 이렇게 주당 30시간쯤 수업하면 강의료가 90만 원 남짓 된다. 한 달이면 300만 원을 넘으니 괜찮아 보인다. 하지만 운(?)이 좋았을 뿐, 실상은 불안정하다. 수업 시간과 기간이 잘 맞아야 하고, 다음 학기 재계약은 어디서나 불투명하다. 시간이 안 맞거나 요일이 겹치면 한 곳을 포기해야 하고, 그대로 수입이 확 준다. 어학당은 1년 중 3개월이 방학이다. 초중고도 방학 등 학사 일정 탓에 수업이 들쑥날쑥하다. 수업하고 싶은 마음이 아무리 굴뚝이어도 두어 달은 개점(?)휴업이다. 그래서 한국어교원 27.7%가 평균 2.5개 기관에서 수업한다.

  대학원에 눈길이 간다. 그래도 석사는 있어야, 일단 박사 수료라도 하면…. 학력을 높이고 경력을 쌓아 1급 자격증을 받으면 아무래도 지금보다야 낫지 않겠냐 싶다. 더 배우고 더 공부하는 일이야 늘 권장할 만하다. 인풋이 있어야 아웃풋이 있는 법이니까. 배우면 배울수록 나도 성장하고 수업도 풍성해질 테다. 하지만 심사숙고해야 한다. 이미 석박사가 차고 넘친다. 2020년에 한겨레문학상을 받은 소설 《코리안 티처》는 "고학력 비정규직 여성들의 일하는 이야기"를 홍보 문구로 내세웠다. 한국어교원 가운데 44%가 석사, 16%가 박사 과정 중이거나 학위를 취득했다. 이미 열에 여섯이 석사 이상이다. 진학이 전문성을 높이고 다양한 길을 열어 주기야 하겠지만, 수입 면에서는 가성비가 떨어진다.

  이직·겸직·진학 모두 각자도생에서 나온 방법이다. 내가 기관을 옮기고, 내가 수업 많이 하고, 내 학력을 높여서 나는 살아남겠다는 것이다. 모두 '나'다. 개인으로서야 발전이고 성공일 수 있겠지만, 넓게 보면 제로섬 게임에 가깝다. 내가 강의료 높은 곳에 가면, 누군가는 강의료 낮은 곳으로 가야만 한다. 내가 여러 기관에서 수업을 많이 하면, 누군가는 시수가 줄어든다. 너도나도 학력을 높이면, 이른바 학력 인플레가 심해져 학위 가치가 평가절하되고 만다.

각자도생은 경쟁을 낳고, 승자독식의 세계에서 서로 경쟁하면 승자가 적고 패자가 많을 수밖에 없다. 개인에게는 잠시 도움이 될지 몰라도, 오래 갈 길도 또 모두가 이기는 길도 아니다. 개인의 합리적 선택이 한국어교원 모두에게 합리적인 결과를 가져오지는 않는다는 말이다.

개별적 근로관계에서 집단적 노사 관계로

연세대와 서울대에서는 해마다 조금씩 임금이 오른다. 임금 교섭 덕분이다. 연세대 선생님들은 노동조합에 모여(단결권) 근로조건과 임금을 두고 학교와 교섭한다(단체교섭권). 근로조건은 2년마다 단체교섭으로 개선하고, 강의료는 매년 임금 교섭으로 올린다. 교섭이 순조로우면 좋지만, 그렇지 않으면 단체행동도 불사한다(단체행동권). 연세대 어학당은 시간급과 연공급(단일호봉제)이 기본이다. 강의료에 시수를 곱해 수업한 만큼 임금을 받는데, 연차에 따라 시간당 강의료가 오른다. 1년 차는 시간당 2만 7,500원, 2년 차는 2만 8,000원, 3년 차는 2만 8,500원 하는 식이다. 여기에 임금 교섭으로 호봉표의 시간급을 올린다. 인상 폭이야 협상력에 따라 달라지지만, 매년 1,000원씩이라도 정액으로 올리는 중이다.

서울대도 비슷하다. 해마다 임금 협약에 따라 기본급이 정률로 오른다. 교섭권이 없어 학교와 직접 임금 교섭은 못 하지만, '자체직원' 임금 협약을 적용받는다. 서울대 교수와 직원은 호봉제(연공급) 덕분에 해마다 호봉 상승분에 임금 인상률이 더해지지만, 어학당은 연봉제라서 연봉만 1~3%가량, 공무원 임금 인상률 정도로 오른다. 물가 상승률을 고려하면 인상이 아니라 유지나 후퇴에 가깝지만, 아무튼 오르기는 한다. 연세대와 서울대 한국어교원은 노동조합에 모인 덕분에 임금이 올랐고, 오르는 중이고, 또 앞으로도 오를 것이다. 누구 하나가 아니라 모두가 오른다. 사용자와 임금을 협상하는 제도적 틀이 임금 교섭이고, 임금 교섭은 노동조합이 한다.

물론, 노동조합을 만든다고 해서 바로 임금이 오르지는 않는다. 강원대 선생님들은 소송을 통해 부당해고를 인정받아 무기계약직으로 복직했다. 소송 과정에서 노동조합에 가입했고, 지금은 근로조건과 임금을 두고 학교와 교섭 중이다. 학교는 한국어 선생님들과의 교섭을 회피하려 했지만, 어쩔 수 없이 테이블로 나왔다. 정당한 교섭을 거부하거나 해태(懈怠)하면 제재를 받기 때문이다. 교섭을 시작한 지 1년이 지났지만, 진전이 더디다. 학교는 늘 이유와 핑계가 많고, 첫 단체

교섭이기에 더 그렇다. 그래도 이게 어딘가. 사용자를 교섭 테이블로 불러 앉힌 것부터가 노동조합의 힘이다. 여전히 갈 길이 멀지만, 사용자와 마주 앉아 근로조건과 임금을 교섭한다는 사실만으로도 첫 삽은 뜬 셈이다.

가끔 사용자가 알아서 강의료를 올려 주기도 한다. 제주대 선생님들은 수년 만에 강의료가 1,000원 올랐다. 참으로 공교롭게도 선생님들이 노동조합에 가입해 기자회견을 연 직후였다. 시급 인상은 환영할 일이지만, 이런 인상은 일시적인 시혜에 불과해 다음을 기약할 수 없다. 사용자는 지극히 합리적이고 경제적이다. 비용 감소와 수익 증가를 좋아하고 비용 증가와 수익 감소는 싫어한다. 강의료 인상을 달가워하는 사용자는 없다. 그런 사용자를 상대로 안정적으로 임금을 올리는 방법은 노동조합을 통한 임금 교섭뿐이다. 시간이야 걸리겠지만 다른 방법은 없다. 노동자 개인은 사용자에게 만나자는 말을 꺼내기 힘들지만, 노동조합은 할 수 있다.

기억해 둘 표현이 있다. '개별적 근로관계'와 '집단적 노사 관계'다. 쉽게 말하면 근로계약서와 단체협약이다. 대다수 한국어교원은 근로계약서뿐이지만, 연세대와 서울대에서는 단체협약으로 근로계약을 덮어쓴다.

개별적 근로관계에서는 노동자와 사용자가 1:1로 근로계약을 맺는다. 〈근로기준법〉 등으로 뒷받침되며 국가가 개입해 근로자를 보호한다. 협상력이 없는 노동자는 임금을 올리기 힘들고, 간혹 올라도 그때뿐이다. 반면 집단적 노사 관계에서는 노동조합과 사용자가 임금을 비롯한 근로조건을 자치적으로 협의한다. 〈노동조합 및 노동관계조정법(약칭 노동조합법)〉 등을 바탕으로 노동자와 사용자 사이에 실질적으로 평등한 관계를 구현하고자 한다. 노동조합을 통해 집단적 노사관계를 형성할 때 처우 개선과 지위 향상의 길이 조금이나마 열린다. 〈노동조합법〉 제2조 제4항은 이렇게 말한다. "'노동조합'이라 함은 근로자가 주체가 되어 자주적으로 단결해 근로조건의 유지·개선 기타 근로자의 경제적·사회적 지위의 향상을 도모함을 목적으로 조직하는 단체 또는 그 연합단체를 말한다."

노동조합을 만들고 나서의 일이다. 원장이 새로 오고 소장이 바뀌면 선생님들과 간담회를 하곤 했다. 군대로 치면 '마음의 편지' 격이다.* 한 명씩 또는 그룹별로 만나 개선을 바라는 사항이나 고충을 말하고 듣는 자리다. 새로 온 원장이 간담회를 제안하자 조합원 선생님들이 이렇게 말하며 거절했다.

"가 봐야 별반 말도 못 하니 시간 낭비다. 그런데도 원장에게 소통했다는 명분을 만들어 주니 갈 필요 없다. 우리 이야기를 듣고 싶으면 노조 대표와 만나면 된다."

노동조합 사용법의 올바른 예다. 이제는 원장, 소장도 간담회 대신 노동조합 대표를 찾는다. 코끼리를 냉장고에 넣는 또 다른 방법이 있

---

* 병사가 지휘관에게 비밀 편지로 부조리나 고충을 알리는 제도다. 예전에 '소원 수리'라 부르던 제도를 '마음의 편지'로 이름만 바꿨다.

다. 노동조합을 만들면 된다.

더 큰 노동조합으로 우리 모두의 단체협약을

국내에서만 한국어교원 7,000여 명이 활동한다. 대학 어학당(29.4%), 가족센터(14.4%), 초중등학교(13.9%), 사회통합프로그램(8.2%), 외국인노동자지원센터(4%) 등에서 가르친다.*

그러나 이 가운데 노동조합에 가입한 이는 300명도 안 된다. 노동조합에 가입하지 않았거나 못한 한국어교원이 열에 아홉(96%)을 넘는다. 그러다 보니 가르치기만 할 뿐, 임금과 처우에 관해서는 말도 꺼내지 못한다. 선생님들의 울분과 한숨 섞인 목소리는 술잔 속에만, 교원들이 모인 인터넷 커뮤니티 안에만 고인다. 바깥세상은 고요하고 평화롭다. 아무 일도 없다. 노동조합이 한바탕 파란을 일으켜야 임금과 처우가 간신히 개선된다. 이대로라면 근로조건이 개선될 가망은 없다. 지난 20년처럼 속수무책, 그저 주는 대로 받을 뿐이다.

10년 뒤를 가정해 보자. 연세대와 서울대는 '우당탕탕'과 '애면글면'을 오가면서도 차츰 처우가 개선될 것이다. 노동조합이 자리를 잡고 교섭 관행을 형성한 덕분이다. 연세대는 해마다 500원이라도 강의료를 올리고, 서울대는 1%라도 연봉이 오른다. 10년 동안 오를 물

---

* 국내 활동 한국어교원 가운데 대학 강사가 18%, 사설 학원과 국가기관 등 기타가 12% 가량이다.

가를 감안하면 인상이라는 말이 무색하지만, 지금보다 낮아지지는 않을 것이다. 하지만 다른 기관은 앞이 안 보인다. 노동조합 유무가 고용과 임금에서 차이를 만들고, 그 차이는 노동조합 활동이 활발할수록 커진다. 명과 암이 동전의 양면처럼 함께한다. 명은 연세대와 서울대 한국어교원의 처우 개선이고, 암은 연세대와 서울대 한국어교원'만'의 처우 개선이다. 한국어교원들 사이에 단결과 통일이 멀어져 가고 분리와 격차가 다가온다.

노동시장의 이중구조라는 말을 한다. 노동시장이 둘로 나뉘고(이중노동시장), 둘 사이가 단절돼 이동이 제한된다는(분절노동시장) 뜻이다. 기업 규모, 고용 형태, 노동조합 유무 등이 주요 지표다. 1차 노동시장(내부노동시장)은 대기업·정규직·노동조합으로 대표되며, 임금이 높고 고용이 안정됐다. 2차 노동시장(외부노동시장)은 중소기업·비정규직·노동조합 없음을 특성으로 하며, 임금이 낮고 고용이 불안정하다. 둘 사이에 격차가 이미 크고 시장 간 이동이 쉽지 않다. 연세대와 서울대 등에서는 1차 노동시장 형성이 기대되지만, 대다수 한국어교원은 2차 노동시장에 머물게 된다.

모두가 내부노동시장을 지향하지만 길이 험하고 문이 좁아 대다수는 외부노동시장에 남겨질 수밖에 없다. 한국어교원 사이에서도 이중구조가 생겨나 굳어질 공산이 크다.*

---

* 한국어 교육계는 경제 규모가 작고 한국어교원은 처우가 오십보백보다. 이런 상황에서 노동시장의 이중구조는 거창하다. 기업별 노조와 비교해 직종별 노조, 초기업 교섭의 필요성을 강조하기 위해 무리를 감수했다.

실증 분석에 따르면 1980년대 후반 이후 대-중소기업간 임금 격차는 추세적으로 확대되어 왔다는 점을 확인할 수 있었다. (…) 또한 노동시장 이중구조의 뚜렷한 특징으로 볼 수 있는 부문 간 단절이 심화하여 대-중소기업 간 이동 비율이 2000년대 이후 줄곧 하락해 왔다는 점을 확인하였다.

이러한 맥락에서 본 연구는 우리나라 노동시장의 이중구조 문제를 완화하기 위해 세 가지 방향에서 정책 과제를 제시하였다. (…) 둘째, 1차 노동시장의 폐쇄성과 경직성을 완화하기 위해 기업 수준을 넘어서 산업이나 업종 수준에 임금이 결정되는 상급단체 임금 결정 시스템의 다양한 실험들(산별 교섭, 단체협약의 효력 확장, 개별 임금 방식, 임금 공개 등)을 시도해 보는 방안을 생각해 볼 필요가 있다.*

문턱을 낮추고 일터를 넘어서야 한다. 고려대, 국민대, 서강대, 이화여대, 홍익대 등 여러 어학당의 선생님들이 노조 문을 두드리기까지는 했지만, 끝내 문턱을 넘지 못하고 발길을 돌렸다. 초중등학교, 가족센터, 사회통합프로그램, 외국인노동자지원센터 선생님들은 고용이 불안하고 인원이 적은 데다 일터마저 흩어진 상태라 노동조합에 가입할 엄두를 못 내는 형편이다. 늦기 전에, 두려움 없이 한국어 교원이라는 이름으로 더 많이 모이면 좋겠다. 집단적 노사관계에서 말하는 집단이 꼭 직장일 이유는 없다. 전국교직원노동조합도 직종

---

* 전병유·황인도·박광용, 〈노동시장의 이중구조와 정책 대응: 해외 사례 및 시사점〉, 한국은행 경제연구원, 2018.

별 노동조합이다. 전국의 교육공무직도 노동조합에 모여 시도교육감 협의회와 중앙 교섭을 한다. 큰 노동조합에서 넓고 크게 모여야 한다. 모든 한국어교원이 단체협약을 적용받도록.

이대로 머물 수 없고 떠날 수도 없다. 직업이란 "생계를 유지하기 위해 자신의 적성과 능력에 따라 일정한 기간 계속해 종사하는 일"이 지만, 1,357만 원으로는 생계유지가 곤란하고 지속 가능하지도 않다. 직업이라 부르기에 민망하다. 그럼에도 우리는 오래도록 한국어를 가르쳐 왔다. 포기할 수 없었다. 지금 여기에서 온전한 직업으로 바로 세워야 한다. 냉장고 문을 열고 코끼리를 집어넣고 문을 닫으면 코끼리를 넣을 수 있다. 사용자를 만나서 월급을 올려 달라고 말하고 합의하면 임금이 오른다. 나 혼자는 못 해도 우리들의 큰 노동조합은 할 수 있다.

12

한국어교원 노동조합의 이름으로*

예전 상해에서 본 일이다. 늙은 거지 하나가 (…).

한참을 머뭇거리다가 그는 나를 쳐다보고 이야기를 하였다.

"이것은 훔친 것이 아닙니다. 길에서 얻은 것도 아닙니다. (…) 나는 한푼 한푼 얻은 돈에서 몇 닢씩 모았습니다. 이렇게 모은 돈 마흔여덟 닢을 각전 닢과 바꾸었습니다. 이러기를 여섯 번을 하여 겨우 이 귀한 '대양(大洋)' 한 푼을 갖게 되었습니다. 이 돈을 얻느라고 여섯 달이 더 걸렸습니다."

그의 뺨에는 눈물이 흘렀다. 나는 "왜 그렇게까지 애를 써서 그 돈을 만들었단 말이오? 그 돈으로 무얼 하려오?" 하고 물었다.

그는 다시 머뭇거리다가 대답했다.

---

* 이 글에서는 한국어교원 노동조합과 한국어교원 지부를 맥락에 따라 혼용했다. 노동조합과 지부는 구분된다. '직장갑질119 온라인노동조합'이 노동조합이고, '한국어교원지부'는 그 산하 지부다. 마찬가지로 '현대차노조'라는 표현이 널리 쓰이지만, 정식 명칭은 산별노조 체계에 따라 '전국금속노동조합 현대자동차지부'다.

"이 돈 한 개가 갖고 싶었습니다."*

은전이 반짝였다. 2025년 3월 26일 저녁, 첫 총회가 열렸다. 지역이 다르고 일터가 달라도 모두 한국어교원이었다. 온라인 노동조합답게 줌에서 조합원으로 만났다. 가슴이 두근거렸다. 나는 저 늙은 거지였다. 더 많은 선생님이 노동조합에서 함께하길 바랐다. 노동조합은 절실한 현실과 간절한 소망 사이 어디쯤이었다. 노조를 만들어 뭘 하려느냐고 묻는다면 나도 머뭇거린다. 여기까지 오는 일이 시급해 목표도 계획도 덜 다듬어졌다. 이제 조합원들과 함께 채워 가려 한다.

한국어 교육에 노동조합을

2024년 7월부터 더 넓은 실태 조사를 준비했다. 2023년에도 근로 실태를 들여다봤지만, 어학당으로 한정됐다. 이번에는 '직장갑질119'와 협업해 범위를 넓혔다. 어학당을 비롯해 유치원과 초중고등학교, 가족센터, 사회통합프로그램, 외국인노동자지원센터 등에서 가르치는 선생님까지 포함했다. 설문 문항도 다양한 일터를 고려해 구성하고 조사와 분석도 여러 선생님과 함께했다. 호응이 적을까 걱정했지만, 기우였다. 543명이 응답했고, 내용은 숫자 그 이상이었다. 노동법 바깥에서 한목소리로 불안정 노동을 호소했다.

* 피천득, 〈은전 한 닢〉 중에서.

시간		활동
2024년 여름~가을	7월~9월	[설문조사] 2024 한국어교원 노동 실태, 직장갑질119와 협업
	10월 8일	[국회토론회] 한국어교원 노동 실태 설문 조사 결과 발표 등
	10월 25일	[창립 총회] 프란치스코 교육회관(25일), 신고증 교부(31일)
	11월 3일	[출범식] 직장갑질119 온라인노동조합, 줌(zoom)
2024년 겨울	11월	[정책팀] 초중등 한국어교원 노동 실태 연구 보고서 기획
	12월	[명함] 한국어교원 명함 제작 및 발송
	1월	[특강1] 한국어교원을 위한 연말정산 A to Z
	2월	[특강2] 한국어능력시험 말하기의 이해와 실제
2025년 봄	3월 26일	[총회] 한국어교원지부 첫 총회
	4월	[편지] 한국어교원 편지 발송 시작(매주 수요일)
		[공모전] 스승의날 기념 수기 공모전 '교단 너머 이야기' 개최
		[특강3] 한국어교원의 불안정 노동 유형과 우리의 지향
	5월	[긴급 설문 조사] 토픽 민영화 의견
		[법률 지원] K대 조합원 13인 무기계약직 전환 법률 지원
		[간담회] 지금 만나러 갑니다(청주)
		[특강4] 교안, 어떻게 써야 합격할까
	6월 12일	[기자회견] 토픽 민영화 반대(80개 연대 단체)

한국어교원지부(직장갑질119 온라인노동조합) 주요 활동(2024년 7월~2025년 6월)

한글날을 앞둔 10월 8일, 국회의원회관에서 〈2024 한국어교원 노동 실태 설문 조사〉 결과를 발표했다. 응답자 열에 아홉은 가족이나 지인에게 이 일을 권하지 않겠다고 했다. 비정규직 비율은 74.4%, 3개월 미만 초단기 계약 비율은 62.3%에 달했다. 사회보험 직장가입률도 낮았다. 건강보험 29.5%, 국민연금 31.7%, 고용보험 50.7%에 불과했다. 연차휴가를 한 번도 써 본 적 없다는 응답은 무려 93.4%였다. 55.4%는 임금이 월 200만 원 미만이었고, 92.7%는 다른 일을 병행하거나 가족 소득에 의존하는 상태였다. 이런 결과에 다들 '설마' 했고 한국어교원만 '역시나' 했다.

곧이어 11월, 노동조합이 공식 출범했다. 7년 만이었다. 사단법인 직장갑질119는 2017년 11월에 설립됐다. 직장 밖, 노조 밖 노동자를 위해 누구나 쉽게 가입해 활동할 수 있는 온라인 플랫폼을 기획했다. 직장 내 괴롭힘 등 여러 노동 의제를 제시하며 미조직노동자를 대변했다. 사회적 활동이 자리를 잡았지만, 애초 목표였던 '업종별·직종별 노동조합'을 잊지 않았다. 2024년, 본격적으로 노조 설립에 나서 10월 25일에 창립총회를 열고 31일에 설립신고증을 교부받았다. 정식 명칭은 '직장갑질119 온라인노동조합'이고, 사회복지지부와 한국어교원지부를 두었다. 한국어교원이라면 누구나, 고용이 불안해도, 당연히 함께할 수 있다.

창립 총회가 열린 곳은 프란치스코교육회관이었다. 잠시 감상에 빠졌다. 외국인을 위한 한국어 교육은 1960년대에 세 기관을 중심으로 시작됐다. 1959년 연세대 한국어학당이 문을 열었다. 서울대에서는 1963년에 재일교포 모국 유학생에게 한국어를 가르쳤고, 1969년부터 외국인 유학생을 위한 한국어 교육과정을 마련했다. 그리고 1964년 10월, 천주교 프란치스코회가 중구 정동에 명도원(明道院, Myongdo Language Institute)을 세웠다. 당시로는 드물게 어학 실습실까지 갖추었고, 많은 외국인이 이곳에서 한국어를 배웠다.

60년 뒤, 그 자리에서 한국어교원 노동조합이 탄생했다. 연세대 최 선생님과 내가 함께였다. 한국어 교육의 역사와 노동조합이 포개지는 순간이었다.

사부작사부작, 2024년 겨울

겨울 동안 숨을 고르며 사부작거렸다. 조합 활동을 밑그림부터 그렸다. 명함을 선물하고, 도움 될 강의를 열고, 정책을 고민했다. 부당하게 해고된 조합원이 원직에 복직되도록 도왔다.

조합 설립 기념품으로 명함을 제일 먼저 떠올렸다. 명함은 회사가 만들어 주는데 한국어교원은 안정된 직장이 없다. 직장이 없으니 명함도 없다. 가끔 명함을 주고받는 자리에서 마음 아플 때가 있다. 노조가 해 주고 싶었다. 한국어교원이라는 자긍심에 더해 노동조합이 곁에 있다고 전하고 싶었다. 〈경향신문〉 기자가 이 명함 선물을 눈여겨봤다. 희망이 부푸는 새해 첫날, 사진과 함께 지면 기사가 나갔다.

제목이 "'명함은 남의 일'이던 한국어교원 신 쌤, 생애 첫 명함을 받다"였다.

1월과 2월에 특강을 열었다. 한 직장에서 오며 가며 인사하고 점심 같이 먹는 사이가 아니다. 적어도 한 달에 한 번은 만나야 했다. 조합원에게 무엇이 필요할지 고민하다 특강을 기획했다. 노동과 한국어 교육을 두 축으로 삼았다. 1월에는 연말정산을, 2월에는 한국어능력시험(토픽) 말하기를 다뤘다. 연말정산은 직장인의 기본이고 토픽 말하기는 직무교육이다. 예전이라면 모두 일터에서 안내했겠지만, 불안정 노동이 확산하면서 개인 몫으로 남겨졌다. 직장은 없어도 노조가 있다. 조합원에게 우선 신청을 받고 비조합원에게도 문을 열어 두었다. 연말정산에 90명, 토픽 말하기에 180명이 신청했다. 강의는 모두 줌으로 진행했다. 우리는 온라인노조다.

정책팀을 꾸렸다. 명함도 특강도 우리 일이지만, 노동조합은 교섭을 해야 한다. 세 가지 이유에서 초중등 한국어교원을 택했다. 첫째, 저출생 고령 사회에서 늘어가는 이주배경 학생에게 한국어 교육은 필수다. 둘째, 한국어교원 가운데 약 14%가 유치원과 초중고에서 일한다. 셋째, 교섭 상대가 분명하다. 근로계약서상의 갑이 개별 학교장이더라도 실질적 주체는 시도 교육감이다. 예산, 계약 방식, 운영 기준 등 모든 권한이 교육감에게 있다. 노무사, 변호사, 활동가와 다달이 모여 관련 규정과 근로계약서를 검토한다. 전국 각지의 선생님을 모셔 심층 인터뷰도 진행 중이다. 시도 교육청 교섭, 2025년 최우선 과제다.

뜻밖의 일이 터졌다. 조합원이 해고당했다. 14년을 일해 온 어학당이다. 방학에도 수업 자료를 만들라고 지시하더니 재계약을 거부했다. 근무한 지 2년이 지났고, 계약을 수차 반복해 왔기에 법률적으로 이미 무기계약직이다. 노동조합 노무사가 사건을 맡아 지방노동위원회로 갔다. 학교는 한국어 강사가 프리랜서이기에 해고가 아니라 계약 만료라고 주장했지만, 지방노동위원회는 근로자 지위를 인정해 부당해고라고 판정했다. 원직에 복직했고, 해고 기간 임금도 받았다. 직장에서 일이 벌어지면 사용자는 가깝고 법은 멀다. 노동조합이 있어야 사용자가 덜 함부로 한다. 조합원의 권리는 조합이 지킨다.

우리, 한국어 교육 노동자

3월, 서두에서 말한 한국어교원 지부 총회를 열었다. 먼저 지난 활동을 보고했다. 명함은 가입 선물이고 특강은 한 달에 한 번 모이는 자리다. 정책팀은 교섭을 준비했고, 법규팀은 노동권을 지켰다. 그리고 봄부터 진행할 조합원 편지와 지역 간담회, 스승의날 행사를 소개했다. 겨우내 틀을 잡은 조합에서 서로를 이어가기 시작했다.

'한국어교원 편지'에 공을 들였다. 조합원들이 기꺼이, 손쉽게 참여하기를 바랐다. 보험료 내듯 조합비 내고 문제 생길 때만 조합을 찾는 식은 아니었으면 했다. 함께하며 서로 가까워지는 기획이 필요했다.

총회에서 선생님들께 부탁했다.

"한 명씩 돌아가며 편지를 쓰면 좋겠습니다. 제가 미리 받아서 수요일마다 전체 조합원에게 보내겠습니다. 1년이 52주니까 1년에 한 번입니다. 부담스러운 일이 아닙니다. 그저 우리 일상이면 됩니다. 오늘 점심 메뉴, 반려견, ○○○ 홍보기, 뭐든 좋습니다."

선생님들이 자원하며 호응했다. 4월 23일부터 매주 편지가 나갔다. 조합에 온기가 돌고 조합원들이 서로 알아간다.

'지금 만나러 갑니다'는 만나서 밥 먹고 차 마시는 행사다. 온라인 노조라도 직접 얼굴을 봐야 친해진다. 계절에 한 번, 지역에서 선생님들과 만나기로 했다. 청주부터 시작했다. 명함 인터뷰를 해 주셨던 S 선생님을 비롯해 J, K, C 조합원이 청주에 있다. 가서 보리밥 맛나게 먹고 커피 마시며 신나게 수다를 떨었다. 노조, 학생, 수업에 채용 정보까지 이야기가 끊이지 않았다. 언제든 연락해 차 한 잔 마실 수 있는 동료가 생겼다. 법인 카드는 없어도, 조합 카드가 있어 든든했다. 하지만 공짜 점심은 없다. 조합비로 밥 먹으면 조직화되는 것이다. 충북 모임이라 이름 짓고 J 선생님이 대표를 맡았다. 8월 간담회도 정했다. 여름은 역시 대구다. '지금 만나러 갑니다, 대구로.'

5월 15일 스승의날은 절반쯤 우리 생일이다. 정부는 스승의날을 정하면서 세종대왕 탄신일을 택했다. 세종대왕, 스승 하면 우리 '한국어, 교원'이다. 조합이 가만히 있을 수 없다. 수기 공모전 〈교단 너머 이야기〉를 마련했다. 진솔한 목소리를 듣고 싶었다. 밝고 맑고 예쁜

이야기뿐 아니라 교육 노동자의 고충과 애환도 함께 나누고 싶었다. 중국과 아프리카를 비롯해 국내외에서 원고가 들어왔고, 최선경 님의 〈언어를 가르치며 노동을 배우다〉가 최우수상을 받았다. 이주노동자와 함께한 최 선생님의 이야기는 이렇게 끝난다.

"언젠가는, 이 노동이 '좋아서 하는 일'로만 포장되지 않는 세상을 꿈꾼다."

한국어교원 노동조합의 이름으로

현실은 언제나 예상을 뛰어넘었고 우리는 맞섰다. 편지를 쓰고 만나서 점심 먹고 수기를 나누며 '우리'를 엮어 갔다. 그렇게 노동조합을 일상으로 만들어 가던 봄날, 현실이 우리를 흔들었다. 한국어능력시험 민영화는 그냥 넘길 수 없었다. K 대학 선생님의 부당한 계약서도 우리 몫이었다.

4월 중순, 정부가 토픽을 민간에 넘긴다는 보도가 나왔다. 민간 기업이 3,439억 원을 투자해 10년간 독점 운영한다. 인공지능을 활용해 출제하고 채점한다. 성적도 인공지능이 분석해 대책과 함께 한국어 교육 콘텐츠를 판매한다. 이런 사업 내용도 문제였지만, 공청회 한 번이 없었다. 현장의 우리도 기사를 보고 알았다. 사업 계획서를 꼼꼼히 살핀 뒤 사실을 바탕으로 우려를 정리하고 긴급 설문 조사를 진행했다.

토픽은 단순한 시험이 아니다. 이주민이 한국 사회에 진입하는 데 꼭 필요한 공공재다. 평가는 학습자, 교수자, 그리고 한국어 교육까지 쥐고 흔든다. 이틀 만에 한국어교원 320명이 응답했고 99%가 깊은 우려를 보였다. '지금처럼 정부가 관리해야 한다'라는 응답이 66%, '공공이 주관하되 민간 기술을 일부 도입할 수 있다'라는 답이 33%였다. 조합 이름으로 결과를 발표했다.

곧바로 '토픽 민영화 반대' 서명을 받기로 했다. B 교수가 민영화의 문제점을 밝힌 성명서와 함께 서명받을 링크를 열었다. 현장의 선생님과 대학의 연구자부터 시작했다. 조합 차원에서 링크를 퍼뜨렸지만, 더뎠다. 300명, 500명, 600명 거북이걸음이었다. 성과도 있었다. 설문 조사 결과가 기사로 나오고 연서명 링크가 돌면서 보수적인 학계가 움직였다. 학회마다 서명운동을 알리며 권했다. 2,000명 남짓으로 늘었지만, 한국어 교육계를 벗어나지 못했다. 그렇게 한참을 지지부진하다가 이틀 만에 1만 명을 넘겼다. X(옛 트위터)에서 바람을 탄 덕분이었다. 기자가 먼저 조합을 찾았고, 대선 기간임에도 우리 목소리가 기사로 나갔다. 그러고 보니 이러려고 은전 한 닢을 모은 것이었다.

5월 초에는 또 다른 사건이 터졌다. 비수도권 소재 K 대학 어학당에서 일이 불거졌다. 2024년 10월에 지방고용노동청이 어학당을 근로 감독했다. 노동청은 위탁 계약 대신 근로계약을 체결하라고 했고, 대학은 2025년 5월까지 전환하겠다고 했다. 주당 20시간 넘게 최소 8년, 길게는 20년 이상 가르쳐 온 선생님이 13명이었다. 무기계약직이 당연했다. 하지만 학교는 편법을 썼다. 지시대로 근로계약을 맺되, 기간을 정했다. 1년짜리 기간제 근로계약서를 내밀며 "특별한 사정이 없는 한 1회에 한해 재계약한다"라고 적었다. 이미 확보한 무기계약직 자격은 기간제 계약으로 덮어쓰고, 앞으로의 무기계약직 전환은 갱신 제한으로 차단했다. 학교는 선생님들의 현재와 미래를 모두 지우려 했다.

K대학 조합원 한 분이 상황을 알리며 문의해 왔다. 곧바로 선생님들과 줌으로 만났다. 서명은 단순한 절차가 아니라 적극적 의사 표시다. 서명하면 기간제 계약에 동의한 게 돼 이미 확보한 무기계약직 지위가 흔들린다. 게다가 2년이 한계다. 저 부당한 계약서를 고쳐야 한다. 13명 모두가 연명해 문서로 요구하되 메일로 보내 증거를 남겨 두라고 조언했다. 그냥 서명하면 안 된다고, 현혹되지 말라고 거듭 당부했다. 모임 이후 선생님들이 힘을 모아 수정을 요구했지만, 학교는 기한 내로 서명하라고 다그치기만 했다. 선생님 12명을 조합원으로 받았다. 조합 뒤로 숨으라고 했다. 조합이 대신해 줄 수도 없고 그래서도 안 되지만, 적어도 한데 뭉쳐 목소리는 낼 수 있다. 우리는 함께 싸워 가기로 했다.

노동조합 덕분에 맞설 수 있었다. 온라인 직종별 노동조합이지만 그 이름에 갇히지 않았다. 6월 12일에는 광장으로 나갔다. 광화문 세종대왕 동상 앞에서 토픽 민영화에 반대하는 기자회견을 주관했다. 연구자들이 공동으로 발언문을 썼고, 이주노동자노동조합 등 80개

단체가 함께했다. 또한 직장 내 문제도 당연히 우리 일이었다. 현장에서 K 대학 선생님을 도왔다. 집단으로 이의(異議)를 유보해 다음을 기약했다. 비록 기한에 쫓겨 서명은 하지만 기간제 계약에 동의하지 않는다고 분명히 밝혀 두었다. 온라인에서 한국어교원으로 모여 광장과 직장에서 우리 이름으로 할 일을 했다. 하지만 더 조직적으로 맞서지 못했다. 은전을 금전으로 바꿔야 한다.

무위당 장일순 선생 이야기다. 어느 날 한 시골 아주머니가 다급히 선생을 찾았다. 기차에서 딸 혼수 비용을 소매치기당했다고 했다. 급하고 귀한 돈인데 범인을 찾을 길이 없다며 도와달라고 했다. 사정은 딱하지만, 선생도 달리 뾰족한 수가 없었다. 고민 끝에 선생은 원주역 앞 노점으로 갔다. 소주를 시켜 마시며 노점상들과 이야기를 나눴다. 그러기를 몇 날, 거짓말 같은 일이 벌어졌다. 잃어버렸던 돈이 돌아온 것이다. 역전 노점으로 향하던 선생의 발걸음을 가만히 헤아려 본다.

에필로그

고독이냐 연대냐

"선생님이 차은우보다 멋있어요."

학생들이 말했다. 이게 무슨 망언인가. 2급에서 '쇼핑'을 가르칠 때다. 원피스를 사러 가서 짧은 것 대신 긴 것을 고르는 장면이다. 주요 표현은 "길이가 너무 짧은 것 같아요. 이거보다 긴 거는 없어요?"다. 'N(명사)보다'가 입에 붙어야 한다. 문장 속 위치가 자유로워 조금 성가시지만, 의미와 형태는 어렵지 않다. 바로 문장을 만들고 대화를 연습한다. PPT에는 여러 그림을 넣는다. 여름과 겨울, 고양이와 강아지, 야구와 축구 사진 등을 활용한다. 그리고 문제의 슬라이드가 뜬다. 질문은 "누가 더 멋있어요?", 사진은 차은우와 박보검.

학생들이 두 패, 아니 세 패로 갈렸다. 여학생들은 차은우파와 박보검파로 나뉘고, 남학생들은 소 닭 보듯 한다. 교실이 시끄러워진다. 약지를 입에 가져가 "쉿" 하면서 화면 옆으로 간다. 차례대로 차은우,

박보검, 그리고 내 얼굴을 가리킨다.

"누가 더 멋있어요?"

학생들은 어이가 없고 기가 막힌다는 표정이다. 숫제 비웃는 눈치다. 짐짓 화난 표정을 지으며 장난을 시작한다. 웃으면서 말한다.

"잘 대답하세요."

몇몇이 떨떠름하게 입을 뗀다.

"선생님이 차은우보다/박보검보다 더…."

좋은(?) 대답에는 "A+예요"라고 격려하고, 차마 입을 안/못 열면 "○○ 씨, F예요"라고 위협(?)한다. 좋은 대답에도 장난은 이어진다. 손으로 코를 잡아 길게 늘이며 "거짓말 안 돼요. 피노키오, 피노키오." 다들 어찌나 잘 알아듣는지. 이렇게 웃고 친해지며 또 새로 진도를 나간다.

열악한 처우에도 한국어를 가르치는 선생님들에게 물었다. 왜 하느냐고. 대다수가 "학생과의 상호작용에서 오는 보람"이라고 답했다. 이런 교실을 빼앗기지 않기 위해, 가르치고 배우는 일상을 지키기 위해 우리는 노동조합 활동을 한다.

2025년 7월 29일, 국립국제교육원에서 '토픽 민영화' 관련 간담회가 열렸다. 5월 연서명과 6월 기자회견 덕분이다. 네 개 학회, 사용자 단체, 노동조합에 속한 한국어교원, 그리고 이주민 연대 단체 대표까지 한국어 교육을 둘러싼 거의 모든 당사자가 모였다. 이렇게 정부, 학계, 사용자, 노동조합, 이주민 단체까지 다양하게 모인 자리는 처음이었다. 여러모로 아쉬운 간담회였지만, 서로 얼굴을 마주했다는 의미가 컸다. 주제를 달리해서도 이렇게 만나야 한다. 우리가 교실에서 겪는 어려움은 제도와 연결돼 있고, 제도의 한계는 다시 교실로 되돌아온다. 그래서 우리는 목소리를 모아야 한다. 그날, 우리는 한자리에 모였다.

더 큰 변화를 꿈꿔야 한다. 한국어 교육과 한국어교원의 문제는 곧 우리 사회의 문제다. 지금 한국어 교육은 시장에 맡겨져 있다. 대학도, 시도교육청도, 중앙정부도 한국어교원에게 질 좋은 일자리를 제공하지 않았다. 결국 한국어교원이 목소리를 낼 때 비로소 일자리 질이 바뀌고 한국어 교육이 바로 선다. 자원 배분은 정치의 문제다. 한국어교원의 목소리가 빠진 곳에서는 사용자가 자원을 독점한다. 정치적 권리를 가져와야 한다. 노동조합은 한국어교원이 사회적 참정권을 획득하는 길이다. 참여하지 않으면 배제된다.

《요나(Jonas ou l'artiste au travail)》는 알베르 카뮈의 소설이다. 성공한 화가 질베르 요나는 명성과 예술가로서의 자유 사이에서 갈등한다. 그는 집 안에 작은 다락방을 만들고 고독을 꿈꾸지만, 그곳마저도 자신만의 공간이 되지 못한다. 요나는 고독과 연대 사이를 오가며 결국 쓰러진다. 의식을 잃기 전 마지막으로 그린 그림에 단어 하나가 아주 작게 적혀 있었다. 'solitaire(고독)'인지 'solidaire(연대)'인지 분간할 수 없는 단어였다. 프랑스어에서 고독과 연대는 t와 d, 철자 하나 차이일 뿐이다. 그러나 어쩌면 카뮈가 노렸던 그 애매함이 바로 우리가 서 있는 자리일지도 모른다.

  카뮈는 답을 남겨 두지 않았다. 질문만을 우리에게 건넸다. 고독도 연대도 완성된 답이 아니다. 답은 우리가 만들어 가야 한다. 고독한 개인과 연대하는 집단은 모순이 아니다. 한국어교원의 본질을 잃지 않으면서 함께 목소리를 낼 수 있다. 그렇게 더불어 서로를 완성해 간다. 우리가 함께 써 내려가야 할 이야기다.